中华爱国人物故事

人物故事

ZHONGHUA AIGUO RENWU GUSHI

气壮山河的狼牙山五壮士

吕玉莲　姜靖榆　编著

吉林人民出版社

图书在版编目(CIP)数据

气壮山河的狼牙山五壮士 / 吕玉莲，姜靖榆编著
. -- 长春：吉林人民出版社，2011.5
（中华爱国人物故事）
ISBN 978-7-206-07835-4

Ⅰ.①气… Ⅱ.①吕… ②姜… Ⅲ.①革命烈士 – 生
平事迹 – 中国 Ⅳ.①K820.6

中国版本图书馆CIP数据核字(2011)第075770号

气壮山河的狼牙山五壮士

QI ZHUANG SHANHE DE LANGYASHAN WU ZHUANGSHI

编　　著:吕玉莲　姜靖榆
责任编辑:葛　琳　　　　　　　封面设计:七　洱
吉林人民出版社出版 发行(长春市人民大街7548号　邮政编码:130022)
印　　刷:鸿鹄(唐山)印务有限公司
开　　本:670mm×950mm　　　1/16
印　　张:8　　　　　　　字　　数:70千字
标准书号:ISBN 978-7-206-07835-4
版　　次:2011年5月第1版　　印　　次:2021年8月第3次印刷
定　　价:35.00元

总 序

胡维革

　　《中华爱国人物故事》是一套故事丛书。它汇集了我国历史上80位古圣先贤、民族英雄、志士仁人、革命领袖、先进模范人物的生动感人史迹,表现了作为中华民族优秀传统的伟大的爱国主义精神。

　　爱国主义是人们对于"生于斯、长于斯、衣食于斯"的祖国的一种神圣感情,是人们对于自己民族的一种强烈的责任感和使命感,是感召和激励整个中华民族的一面永不褪色的旗帜。在漫长的历史上,爱国主义一直激励着中华儿女为祖国的独立、统一、进步和繁荣而英勇奋斗。从伟大的思想家教育家孔子到统一全国的千古一帝秦始皇,从秉笔直书著《史记》的司马

迁到鞠躬尽瘁死而后已的诸葛亮,从伟大的浪漫主义诗人李白到精忠报国的民族英雄岳飞,从七下西洋传播友谊的郑和到抗击倭寇的民族英雄戚继光,从苟利国家生死以的林则徐到为变法流血的第一人谭嗣同,从威震敌胆的抗联将军杨靖宇到人民音乐家聂耳与冼星海,从踏遍青山人未老的李四光到万婴之母林巧稚,从县委书记的好榜样焦裕禄到情系雪域献身高原的孔繁森……都表现出了强烈的爱国主义精神。正是由于热爱祖国的人们前仆后继地奋斗,国家和民族才得以生存,历经一次次历史危急关头而能转危为安,走向兴盛和富强,从而屹立于世界民族之林。爱国主义是鼓舞中华儿女历经忧患、跨越沧桑、百折不挠、自强不息的伟大力量,它贯穿于中华民族的整个历史,并有力地凝聚着五洲四海的中国人。

爱国主义是一个历史的范畴，在社会发展的不同阶段、不同时期有着不同的具体内容。革命时期，需要我们为祖国的独立自主出生入死；建设时期，需要我们为祖国的繁荣富强增砖添瓦；在全国各族人民团结一心建设富强、民主、文明、和谐的社会主义现代化国家的今天，我们要争做一名新时期的爱国者。新时期的爱国者要有强烈的民族自尊心和自豪感。民族自尊心和自豪感是任何时期任何爱国者都必须具备的情感。民族自尊心能增强我们自立向上的恒心，民族自豪感能树立我们建设祖国的信心。要树立"祖国高于一切"的崇高信念，为了祖国和人民的利益不惜抛却个人的利益，甚至不惜牺牲个人的生命。要树立终身学习的理念，拓

宽自己的知识面,广泛吸收新知识新技术,完善自身的知识结构,更新学习知识的方法与理念,从思想上、知识上充分武装自己,为祖国的繁荣昌盛贡献力量。

爱国主义思想的继承和发扬,是关系到民族盛衰、国家兴亡的根本问题。一代代人爱国主义思想情操的形成,需要不断地培养。培养爱国主义的一个重要途径是向爱国主义的英雄人物和典范事迹学习。这套丛书的出版,对于人们向英雄和先进人物学习,特别是对于在中小学生中进行爱国主义教育,将可提供一些生动的教材。祝愿此书出版发行成功,为培养"四有"新人做出贡献。

于2011年4月23日

世界读书日

中华
爱国
人物故事

编　委　会

策　划:胡维革　吴铁光
　　　　林　巍　李达豪

主　编:胡维革　邢万生

副主编:贾淑文　吴兰萍

编　委:(按姓氏笔画为序)

于二辉　门雄甲

刘士琳　刘文辉

孙建军　李相梅

李艳萍　杨九屹

谷艳秋　陈亚南

隋　军　韩志国

目录
CONTENTS

目 录。
CONTENTS

悲壮棋盘坨

　　狼牙山，屹立在易水河畔，位于河北省易县的西南36公里处，太行山东麓，涞源的东南，满城的西北方，居太行山脉，距保定市45公里。山上巨石、尖峰突起，齿形地插入云霄，巍然以其险峰雄姿俯瞰着易、满、徐、定、保区域的平原和山地。

　　抗日战争时期，狼牙山是晋察冀边区东边的大门，这座铁壁样的大山，是中国共产党领导的晋察冀边区一分区军民抗击日本侵略者的坚强屏障。

　　狼牙山，以八路军五勇士浴血抗击日寇舍身跳崖而闻名于世。是一座雄险奇伟、景色秀丽的名山，早在两千年前的战国时期，"狼牙竞秀"就是当时燕国十景之一。如今，这里既是省级爱国主义教育基地，又是一座省级森林公园。

　　狼牙山由5坨、36峰组成，主峰莲花瓣海拔1 105

米，西、北两面峭壁千仞，东、南两面略为低缓，各有一条羊肠小道通往主峰。登高远眺，可见千峰万岭如大海中的波涛，起伏跌宕。近望西侧，石林耸立，自然天成，大小莲花峰如出水芙蓉，傲然怒放，涧峡云雾缥缈，神奇莫测。

狼牙山风光绮丽，漫山遍布苍松翠柏，飞瀑流泉，拥有丰富的动物和植物资源，动物有黄羊、乌鸦、锦鸡等，植物有松、柏、桦、枫等北方树种二三百种之多，涉足游览，可尽享森林浴之妙。秋季金风送爽时，坡岗沟壑之间，红叶吐艳，层林尽染，放眼望去，漫山猩红，可与香山红叶相媲美。

位于半山腰的红玛瑙溶洞，是我国首次发现的红玛瑙质构成的自然景观，形成距今已有16亿多年的历史。

通高90米、宽50米，共设6个景厅，有仙女下凡、八仙贺寿、塔林夜月等40多个景观。进得洞来，拾级攀缘而上，既能观赏惊险奇绝的景色，又可当作登狼牙山的必经通道。

褡裢坨山势极为陡峭，但半山腰却有一块平地，过去建有庙宇，即老君堂。老君堂依洞而建，半是人工，半是天然。殿后有名为"仙人洞"的天然溶洞，洞深约10余米，宽约5米，洞内有一泉水长年不断，泉水清凉甘冽，传说太上老君曾于此修行。

蚕姑坨，又名姑姑坨，是狼牙山五坨之最，山势险要，风景优美，山上有庙，胜景颇多，据史书记载，此处为燕昭王当年求仙之处。在蚕姑坨半山腰，有一座灵

峰院，俗称尼姑圣母院。原有佛殿20余间，现尼姑圣母殿仍保存完好。据碑文记载，灵峰院历史悠久，为五代时所建，此后历代都曾对它进行过修葺，是一座"千年古刹"。三教堂因供奉"儒、道、佛"三教之祖孔子、老子、如来佛于一堂，形成全国独一无二的"三教文化"，为其增加了深厚的文化底蕴。如今，灵峰院已辟为狼牙山6大旅游景点之一，每天游人如织，蚕姑殿内香火缭绕。

在狼牙山西边的巅崖，矗立着千百年来为远近人们所景仰的名胜——棋盘坨。在通往主峰棋盘坨顶峰的一处悬崖旁，有一块天然形成的酷似棋盘的岩石，约三尺见方，石面纹理纵横。传说孙膑与其师傅鬼谷子常在此

棋盘陀上的千年古柏

布棋为乐，棋盘坨因此而得名。后来，又在于此不远处
的另一块平面岩石上用利錾人工造成一副棋盘，供游人
对弈。现在两块石棋盘边上各生有虬结苍劲的古柏一棵，
如二人在此对弈。一侧为悬崖峭壁，一侧为古树虬枝，
身畔云雾缭绕，置身于此，如临仙境。当地老百姓对棋
盘坨还流传着一个古老的神话传说：很久很久以前，一
位樵夫曾经在坨上旁观两个仙叟下棋一局，等他回家后
发现世上已过去几百年了。而留在坨上的大石棋盘和樵
夫吃剩的核桃后来变成一个铁块——便是那传说永久的
纪念。

然而，自从1941年9月25日以后，人们已不醉心于那一块大石头作为标记的神奇的传说，而是那曾经为诗人所歌颂的在易水河畔慷慨悲歌的壮士的故事。五位八路军战士用生命和鲜血谱写的壮丽篇章，将永载史册。

1. 严阵以待

1941年8月，日本华北方面军司令官冈村宁次气势汹汹指挥几十万兵力，分十三路向晋察冀边区山地进行扫荡，号称"百万大战"，妄图一举荡平晋察冀根据地，消灭八路军部队。

驻扎在易水河畔的八路军晋察冀军区第一军分区杨成武部的第一团同当地两千多民兵密切配合，经常出没在狼牙山山麓、易水河畔，埋地雷，设陷阱，打伏击，日夜跟敌人周旋，打得敌人蒙头转向。日寇"扫荡"来，"扫荡"去，不仅没有得到半点收获，反而被八路军和

民兵埋设的地雷、陷阱和伏击打死打伤好几百人。

　　经过一个多月的"扫荡"，敌人除了丢下几百具尸体，烧了根据地的一些房子以外，可以说收获很少。不用说消灭八路军，就连八路军主力部队的影子都没有看到。敌人指挥官大为不满。他们经过研究，认定狼牙山上的八路军是一颗"钉子"，对他们威胁极大。因此，决心拔掉这颗令他们头痛的钉子。日本人也知道，这支部队不是别人，正是威震华北，曾经在黄土岭击毙日本名将阿部规秀中将的"邱部队"（因该团团长邱蔚而得名）。说起来很可笑，敌人为了稳定军心，在他们的伪报纸上还捏造了"邱蔚被俘"的消息，八路军和当地老百姓知道他们玩的是什么把戏。此时此刻，八路军的这位邱团长正和他的部分战友及电台站在棋盘坨的巅崖上。所以，敌人不惜组织起偌大的战网来网罗这条凶猛的"鳄鱼"

（敌人对第一团团长邱尉的称呼）。

"鳄鱼"没有像敌人那样傻，他带领主力部队，来到京汉线上，留下了他的天线和七连官兵，一溜身，就撤走了。

2.接受任务

从山上边扯下了一条电话线，山顶上还影影绰绰可以看到天线杆子。那里就是领导机关住过的地方。

9月25日，驻扎在狼牙山周围的界安、龙门庄、北粪山、管头的日寇共计3 500人左右，在飞机、大炮的掩护下，分成九路向狼牙山发起进攻，妄图把"鳄鱼"的部队一网打尽。敌人刚刚出界安城，立即遭到

阻击，"呼——呼——轰——"敌人时而听到了前方子弹声，时而在后面挨了揍，时而在队伍中间响起了地雷爆炸声。第一团的留守部队——狼牙山五壮士所在的七连为掩护主力部队和群众转移，奉命与日寇进行了一天的激战，连续打退了敌人十几次进攻。

站在山头，可以看见远处村村着火，处处冒烟，老百姓牵着牲口，背着干粮，妇女们拉着大的抱着小的孩子，一群一群地连续不断地拥到山里来逃难。七连战士看着老乡们转移的情景，个个心情都很沉重，摩拳擦掌，发誓要给敌人以严重杀伤，为群众出气。

这次七连负责掩护狼牙山里隐蔽着的一个后方医院的伤病号及涞源、易县、徐水、满城四个县的政府机关和群众共三四万人。敌人在飞机大炮的掩护下，一次又一次向七连驻地——狼牙山的一个村庄发起最后猛攻。七连掩护群众转移到深山之后，便和敌人兜圈子，扰乱敌军，掩护机关、后勤人员转移，然后再把敌人甩开。

七连经过苦战，把"鬼子"打得蒙头转向。

半夜十二点钟左右，七连的二排集中在山脚下的几间草房子里待命。一直待到午夜三四点钟，战士们大都困了，有的打开背包，躺下来，有的歪躺着就睡着了。突然，二排战士被一阵急促的枪声、手榴弹声震醒了。这时指导员大汗淋漓地闯进草房子，上气不接下气地发布命令：

"赶快上山，靠近团首长。"

战士们一骨碌爬起来，指导员又喊了声"六班长！"

"有！"六班长马宝玉应声站出来。

"你们班带一个机枪组，顺这条岭占领西边小山头，把敌人火力引过去，掩护一、三排撤退！"

"是！"班长马宝玉爽快地答应。

接着连长向班长交代："要多坚持一会儿，让后面和上面（指团的机关）撤走……"

一场严峻的战斗在考验着六班。

团首长和七连大部分战友在夜幕掩护下走远了，二班奉命守北山脚的阵地也离去了。

狼牙山主峰棋盘坨上只剩下六班的五位同志（六班原有九名战士，这次三名伤员和一名病号随主力转移走了），留下来的是：班长、共产党员马宝玉，副班长、共产党员葛振林，战士宋学义、胡德林和胡福才。他们年龄都在25岁左右，血气方刚。在历次战斗中表现得都十分英勇。这次，他们欣然接受了掩护主力转移的任务。宋学义拿出一张发黄的纸，用铅笔这样写道：鬼子杀死了我们无数的父老姐妹，今天我们要以血还血，为了团首长和战友、乡亲们的安全，我要英勇战斗，不怕牺牲……此时，五位八路军战士，把打鬼子当作最光荣的任务，决心与日寇决一死战。

五位战士趁着朦胧的月色，抓紧时间把团部留下的几箱手榴弹捆作一束一束，像埋地雷似的从山脚一直埋到半山腰。

在班长马宝玉的指挥下，大伙分头埋伏在"阎王鼻子""小鬼儿脸"等险要处。班长把胡德林派到正面一个

石缝子里放哨，又招呼葛振林绕山走了一圈，查看地形。这地方离主峰棋盘坨不远，是一连串的三个小山包，正面从他们来的地方是一条小山路，弯弯曲曲地伸开去，背后和两侧是陡陡的山坡，下去就是望不见底的立陡的悬崖。山上有草有树，隐蔽几个人是看不见的。

五位战士手握钢枪，警惕

地注视着敌人即将出现的方向。他们每个人都在心里默默念着团首长临别时的嘱咐："同志们，狼牙山就交给你们了！主力能否安全地跳出敌人的包围圈，全看你们能否把敌人死死地困在棋盘坨上。你们要想尽一切办法，把敌人拖住，明天十二点钟以前，不准敌人越过棋盘坨，你们一定要很好利用狼牙山的险要地形，以及你们的勇敢和智慧，把三者很好地结合起来。这样，你们一个人就能够抵挡住一百个甚至更多的敌人，保证主力和群众能安全地跳出敌人的包围圈！"

副班长葛振林巡逻一圈之后，凑到马宝玉身边，他们一起分析形势，葛振林对马宝玉说："这个方圆40多公里的狼牙山，每一条小道，每一块石头，每一棵树木，咱们都了如指掌。一个月前，为粉碎敌人的'扫荡'，大伙曾经走遍了狼牙山的每一个角落，翻山越岭，跳沟越涧，爬过山羊也难上去的'天梯'，跨过飞架万丈深涧的'仙人桥'，攀登过很少有人上去过的'阎王鼻子''小鬼儿脸'。眼下，咱们可以利用这些有利条件，同敌人较量。"马宝玉兴奋地说："说得好，这回就让日本鬼子尝尝厉害，他们就是铁打的脑袋，也要砸他个稀巴烂。"两个人心想到一起，情不自禁地把双手握在一起，相互间充满信任感，也增加了胜利信心。

秋天的夜晚，山风飕飕地吹着，五位战士咬着牙抵御着寒冷，谁都无困意。

他们从山上看到远处被焚烧的村庄闪着火光，联想到白天所见到逃难群众流离失所的凄惨景象：老人们肩上背着铺盖，妇女们怀里搂着孩子，树棵上拴着小牛，小锅支在石头上……逃难的景象老是在他们眼前晃动。再加上秋风吹落树叶，山沟里的哗哗的流水声，弄得每个人心里都十分难受，个个义愤填膺，发誓要在即将打响的战斗中，狠狠教训"日本鬼子"。

对敌人来说，黑夜和死亡几乎成了同义词，山坡下一点动静都没有，后半夜敌人没有敢轻举妄动。

3.鬼子进攻

天刚麻麻亮，狼牙山下就响起了枪声。

大约有五六百敌人，东一堆，西一簇，像狼群似的，满山嚎嚎叫，并向棋盘坨运动着。

马宝玉一声断喝："鬼子来啦，准备好！"

大伙揭开手榴弹盖，把子弹推上了枪膛，目不转睛地盯着山下的敌人。

突然，天崩地裂般的一声巨响，紧接着又响起连续的爆炸声，烟尘四起，走在前面的日本兵随着硝烟飞上了天，顷刻间，便躺倒一大片。原来是昨晚埋下的手榴弹炸响了。

硝烟过后，山下的敌人猫着腰向山上爬，当距五位战士二三十米的时候，班长高高举起手榴弹，大喊一声"打"！五个人的手榴弹一齐飞进敌群里。手榴弹带着战士们的满腔怒火，在敌群里纷纷爆炸着。敌人第一次进攻被打退了。

这一仗，战士们觉得打得非常过瘾。这会

儿歇下来，他们却都觉得又饿又渴，胡福才身上唯一的水壶被打了一个洞，大伙渴得要命。正巧山地里有些散种的萝卜，谁也顾不得了，一边拔起吃着，一边检查武器。

敌人吃了亏，不敢横冲直撞。鬼子战战兢兢地向上

爬着，好像走在火海里，好像走在刀山上，好像狼牙山的每块石头都变成了锋利的牙齿，要把这些侵略者咬碎、撕碎。鬼子刚把头探出来，又很快地缩回去。他们每走一步，就要瞪着鼠眼朝山上搜索一阵，然后再朝上爬。山坡上，每一个枪口，每一颗手榴弹，都蕴藏着仇恨的烈火，在等待着他们。

敌人爬到半山腰时，便用山炮、机关枪一齐射向山头，打得碎石、弹片横飞，山下到处烧起熊熊大火。

平时性子急，做事有点毛躁，被同志们开玩笑地叫作"毛高"的马宝玉，这时却显得十分沉着、镇定。他从容地咬了口萝卜，对葛振林说："老葛，你去看看。"葛振林把一块萝卜屁股一扔，三脚两步跑到胡德林放哨的石缝里面，往外一看，敌人正顺着他们来的山路往山上使劲地爬呢！前面是一群伪军，头里几个还化了装，穿着八路军的衣服。后面是一大队鬼子，手持明晃晃的刺刀，手里还摇着小太阳旗子。

鬼子兵哇啦哇啦直叫："投降！优待优待的……"伪军们边爬边咋呼："八路缴枪！八路缴枪不杀！"

葛振林连忙跑回去对马宝玉说："鬼子上来了，不少呢！"马宝玉让葛振林埋伏好，以极低的声音，传达命令。让大伙等待时机，不要露声色。五个人屏着呼吸，就等班长下达射击命令了。五双眼睛看着敌人接近他们

几十步远的地方，马宝玉爬起半截身子，"是时候了！"大吼一声，"打！"把手榴弹猛地投了出去。紧接着，五个人的手榴弹又一齐扔进敌群里，手榴弹带着仇恨的怒火，接二连三地炸开了。前面的敌人随着炸开的手榴弹嗷嗷叫着，叽里咕噜滚下山去，连后面的也撞翻了好几个，一片鬼哭狼嚎声。

敌人往后一撤，山下的炮火就往小山头上砸过来，迫击炮、掷弹筒，打得分不清点儿，震得耳朵嗡嗡响。

葛振林和胡福才一闪身躲进一个石缝里。葛振林放开嗓子喊了声："班长，马宝玉！""唉，我在这儿。"马宝玉回答。

接着另两个人也都应了声，他们也都钻进了石缝里，没伤着。这些天然的大石缝子真好，口小底大，比挖的工事还管用。

一阵炮火过后，敌人拼命朝山上冲来，有时是右边，有时是正面，有时是从几个方向一起来。但山上有五位八路军勇士，要上来是困难的。葛振林是第一次经历这样的战斗，在山腰打的那阵，心里有点慌，打了一会儿倒一点也不怕了。打一阵子枪，扔一阵子手榴弹。他们脑海里只有一个信念，把鬼子全部消灭光。狼牙山在火光中抖动，狼牙山在怒吼！让鬼子在狼牙山面前发抖吧！

五位勇士一口气打退敌人九次冲锋，而他们五个人一个也没有少，连个挂彩的也没有。真是奇迹。

敌人第十次冲锋开始了，炮火更猛，劈头盖脸地向"阎王鼻子""小鬼儿脸"上倾泻下来，顷刻间，浓烟弥漫，响声震耳，碎石横飞，整个棋盘坨在抖动，在咆哮。宋学义卧倒在地上，浑身是土，草烟熏得眼睛直淌眼泪，像谁给迎面扬了一把细沙子，根本睁不开眼。他伸手摸

摸有谁在自己的身边，结果一个也没有摸到。心里顿时紧张、担忧："他们会怎么样?"炮火一停，他就大声喊："班长，班副?"

马宝玉回答："我在这儿，没事。"

"我也没有死。"葛振林也喊了起来。

宋学义听到回声，强睁开眼睛一看，大伙都在，他笑了。

葛振林睁开眼睛，看着身边的胡德林、胡福才，他们脸黑得像个小鬼，只露出通红的两只眼睛和一排白牙，怪可笑的。要是在平时看到这个样子，一定要彼此开玩笑，但这回谁也笑不出来。

胡德林向葛振林看了一眼，忙推他一把："班副，着了!"葛振林一看，才发现自己新棉袄的肩背上都冒起了火苗，他连扣子也顾不得解，使劲一撕，脱了下来，把棉袄扔下山，扔出手的时候，葛振林还有点心疼，因为棉袄里面还有几毛钱的津贴呢。

马宝玉还在监视着敌人的动静。胡德林和胡福才抖掉身上的泥土，开始争论阵地上落下多少炮弹。

胡德林说："有一百多发。"

胡福才争辩道："最少也有二百多发……"

葛振林一面摆弄着手榴弹，一面气呼呼地说道："想叫咱死，可没有那么容易。我还要亲眼看着鬼子投降，亲眼看看社会主义和共产主义呢!”他的话音还没有落,敌人的进攻又开始了。

4.引敌上山

按照事先拟定的作战方案,要拖住敌人,尽可能多地消磨时间。

“嗵——啪——”四支套筒和一支三八枪在响着。

枪吐出勇敢的花朵,把拉网的敌人都吸引到五个人的周围来了。

“嗵——嗒嗒——嗵嗵嗒嗒嗒”敌人的掷弹筒和机枪向五个人伸出长长的火舌。

马宝玉没有多说话,沉着地指挥:“跟我来。”他领着几个人趁着硝烟弥漫,一边打一边向山上转移,一边用冷枪杀伤敌人,吸引敌人往陡坡上爬。

马宝玉说:“宋学义,你先走。”

宋学义回答:“不,你先走,班长。”

马宝玉急了,大声命令宋学义:“让你先走,你就先

狼牙山间威壮志威震敌胆易水河源舒正义万世流芳

杨成武

走，我比你走得快。"马宝玉回过身子把宋学义推到他前面。五个人当中宋学义个子最矮。

马宝玉平时也十分关心同志，别人遇到困难，就像是他自己的困难，一定想尽办法帮助解决。有了好事总是让给别人，这次他又坚决主动地留在最后边掩护其他同志撤退。正因为他对人诚实、热心，遇事先人后己、乐于奉献，获得了全连同志的尊敬和爱戴，并被选为党的小组长。

"胡福才跟着胡德林，向上爬，走这条路。"马宝玉大声指挥着。

路是什么样的呢？一句话，不是深崖绝壁，就是能借着荆条草根攀爬的山路。在这条路上，日本人的皮靴还没有能够站稳，就有八个"皇军"摔下崖去了，没有等到我们五位勇士的子弹赶上去迎接他们。

我们的五位勇士，在敌人的炮火下，且战且退，终于爬上了棋盘坨。他们爬的似乎很轻松，就像几年前他们在家里上山去割草一样。

五位勇士刚刚转移走，天上就飞来了三架敌机，朝着他们原来的阵地用机关枪扫射，用炸弹炸，半人深的山草，被炮弹打着了，浓烟滚滚。飞机过后，敌人乘势朝山头爬来。五位勇士利用险要地形，还是一边打，一边往山顶上撤。"啪——嗵嗵嗵——啪——"五支枪在断断续续地抵抗。

"同志们！"葛振林用着他曲阳土话喊着，"情况紧急，敌人都跟着上来了，坚决抵抗呀，完成任务呀！""对，完——成

——任务，咱们坚决完成……"胡德林用年轻人的嗓音回答着，一枪又打倒了一个敌人。

葛振林高兴地对马宝玉说："这回敌人的牛鼻子被我们牵住了，就得由我们摆布了！"

马宝玉斩钉截铁地说："对！把'鬼子'引到棋盘坨再狠狠地揍！"

五个人节节向坨顶撤。

"嗒嗒嗒——"火舌跟着。

五位勇士立刻停止脚步，分散隐蔽起来，做好痛击顽敌的准备。

5.岿然不动

敌人又"嗷嗷"叫着冲上来，他们的机枪、步枪、手榴弹、掷弹筒一齐投射过来，炸得满山石头乱飞，像

下雹子一样。胡福才有点沉不住气了，想冲出去，被马宝玉一把拉住，轻声嘱咐道："别怕，这是敌人瞎咋呼。"

别看敌人叫得挺凶，走起路来可像蚂蚁爬，一步三摇，你推我搡，都怕子弹落在自己的头上。快爬到五位勇士脚底下的时候，马宝玉站起来，大喊一声："打！"话音未落，一排子弹打了出去，敌人躺倒了一大片，由于山坡很陡，两边又是万丈深沟，敌人眼看着只能等着挨打，只得狼狈撤退。

太阳刚刚偏西。昨天走了一天路，少说也有几百里，今天又苦战到这个时候，滴水未进，粒米未吃，个个肚子饿，口里渴，烟呛火烤，连呼出的气都觉得烫人。

胡德林顺手薅一把草，把泥土放在嘴边。胡福才看此情景喊道："德林，再饿也不能吃呀。"胡德林嘴唇裂了一道道血口，笑着回答："我不吃，只是闻闻湿土味，能好受一些"，"福才，你也试试。"

"嗒嗒嗒嗒——"机枪在咆哮。敌人退下去以后，又重新组织力量。别看鬼子咋咋呼呼，好像很顽强，但到了节骨眼上，谁也不想拿自己去送死。这一回，他们用机枪逼着伪军打头阵，鬼子们缩头缩脑地跟在后面。

马宝玉看到这种情况，就告诉大伙："你们看，鬼子学猾了，想拿伪军来挡枪子。"他命令葛振林几个人对伪军喊话，不要给敌人卖命。他们一面喊话，一面鸣枪警告，伪军们有的被打掉了帽子，有的耳朵上穿了个窟窿，有的被打掉了枪……弄得伪军个个惊慌失措，再也不敢向前了。

这五位八路军勇士专打日本"鬼子"。指挥官也有些动摇了，督战劲头大减。趁这工夫，他们几个人又是一阵枪击，又是扔手榴弹，并做出要出击的样子，伪军见此情景，一声叫喊："八路军冲下来了……"便一窝蜂似的退了下去。

下午3点多钟，敌人始终未前进一步，相反地，在崎岖的山坡上横七竖八地丢弃了许多尸体。他们在下面

狼牙山五壮士

乱喊乱叫，层层责罚下级：大队长骂小队长，军官打士兵，鬼子训汉奸，叽里呱啦，搅得一塌糊涂。

敌人弄不清楚山上究竟有多少兵力，他们已经吃了不少亏，这时更加狡猾，再也不敢横冲直撞了。一会儿用机枪扫射，一会儿用炮轰，一会儿又一小股一小股地试探着轮番冲击。敌人这样做，主要有一个企图，是想寻找一条攀上棋盘坨的道路。他们一直以为八路军晋察冀一军分区杨成武部的指挥所就在棋盘坨上。

此时此刻，敌人还蒙在鼓里，他们根本不知道通往顶峰的路只有五位八路军扼守着！

马宝玉伏在阵地的前沿处，观察着敌人的动作。他吩咐同志们用树杈、岩石做依托，不要浪费弹药，等敌人上来靠近了再打。

马宝玉平稳地举起枪，瞄着日本兵，扣动了扳机，他的枪法非常准，"啪，啪"一枪一个敌人，几乎没有落空的。

葛振林藏身在阵地的另一侧，他每向敌人射出一颗子弹，都要大吼一声，好像那细小的枪口发泄不出他满腔的怒火。

胡德林和胡福才两个人也相继开火，配合着马宝玉、葛振林的射击，构成了一张置敌人于死地的火力网。打得敌人滚作一团，死的死，伤的伤，几分钟后敌人又发出凌乱的还击。

宋学义瞪大眼睛，瞅准机会，不时地用手榴弹消灭成群上来的日本兵。

坡下的敌人拼命嘶叫，摇晃着膏药旗，挥舞着洋刀，嚷叫着，拥挤着，又向山上冲来。

突然一颗子弹把马宝玉打倒了。葛振林跑上去一把把班长扶起来，马宝玉满脸是血，原来头皮被子弹划了一条口子。另外三位同志也围过来，大伙七手八脚把班长的伤口包扎好。"真危险，班长捡了一条命!"葛振林说道。马宝玉却无所谓地说："我脑壳硬，子弹也打不透，大伙准备还击。"

"瞄准!"马宝玉命令"放!"一个在草里刚抬起头的"鬼子"滚下山去了。

"呀……"30多个敌人从一百米处冲上来了。

"优待优待的——优待的……"日军哇啦哇啦地叫着。

班长马宝玉大喊:"优待你一个手榴弹!"

大家都掷下手榴弹,轰——轰——轰——

日军习惯于打滚,一翻身就下去了。血染红了山坡。

五名勇士在奋力地还击着,并继续往坡上爬。快到棋盘坨顶峰不远的地方,马宝玉和葛振林研究,决定利用这里的地形再狠狠揍敌人一顿。

葛振林、胡德林、宋学义三人占领左边的岩石,班长带着胡福才占领右边的岩石,把一条通往顶峰的绝路封锁住了。

五个人把手榴弹盖打开,正等待着敌人冲上来,趴

在岩石边一看，离他们不远的山坡上有一百多个敌人，其中有一个指挥官，把日本旗插在地上，又将一块大红布铺在地上，还点了一堆火。

宋学义问班长："这是干什么？"

马宝玉说："山坡的敌人指示飞机来侦察山头上有多少八路军。"

不一会儿来了两架飞机，在五位勇士头上打了四五个圈圈，大概什么也没有发现，就飞走了。

过了片刻，敌人指挥官挥舞着指挥刀，指挥着一百多人向山上冲锋。

山路狭窄，敌人只能一个跟着一个，成一字长蛇阵向山上冲来。五位勇士凭借奇峰怪石和居高临下的地势，

一起向敌人投出手榴弹，十几个敌人在这条绝路上无法躲避，在手榴弹爆炸中丧了命。

打完这次敌人冲击后，班长马宝玉看太阳还有一竿子高，想到，能不能顶过这最后一个小时？如何顶过这一个小时成了他们面临的最尖锐问题。

班长马宝玉在考虑着，他想：日本帝国主义是中华民族的死敌，他要亡我国家，灭我种族，杀害我父母，淫我母妻姊妹，烧我们的庄稼、房屋，毁我们的耕具、牲口。为了民族、为了国家、为了子孙，为了转移的首长和乡亲们、战友们，一定要战斗到天黑。想到这里，马宝玉忙开口问葛振林："情况紧急，任务艰巨，有什么想法？"葛振林坚定地对马宝玉说："班长，我在战前已给父母大人写下了遗言，准备与日寇决战到底，为保卫祖国，流尽最后一滴血，我们一定能完成任务，请班长放心。"马宝玉用响亮的声音对大伙说："同志们，我们一定要坚持到天黑。"

敌人对山上发动了全天以来最猛烈的进攻。轻重机枪像狂风一样地吼叫起来。马宝玉命令大伙不还击，看看敌人还玩什么花样。

敌人以为山坡上的八路军受到重创，无力还击了，指挥官命令十几个日军、伪军往山上冲，三十米、二十米、十米，马宝玉大喊："冲啊！"五个人跃出石缝，与十几个敌人展开了肉搏战。马宝玉第一个冲上前去照着敌人的喉咙猛刺，只听得敌人惨叫着，一个鬼子从地上爬起来向葛振林身边扑去，葛振林手疾眼快，端着刺刀，一个箭步蹿上去，一刀刺进敌人的肋骨，敌人惨叫一声不动了。葛振林向身旁两日寇前刺后挑，俗话说："一狗好挡，两狗难防。"宋学义一看，葛振林危险，大喊："班副，小心！"纵身来到葛振林一边，照一个鬼子后身就是一刺，解了葛振林的围。马宝玉越杀越勇，逼得鬼子只有招架之功，毫无还手之力。拼了几个回合，激起一高个子鬼子兽性大发，咬着大板牙，从鼻孔喷出"唔——"的怪声，用尽全身力气刺过来，另一个鬼子向马宝玉的后背凶狠刺去。说时迟，那时快，只见马宝玉身子一伏，就地一滚，"好！"鬼子的两把刺刀同时刺进对方的胸膛。五位勇士看到这一场景，不禁为之喝彩。"鬼子"们被惊呆了。

不到五分钟的工夫，就结束了这场动人心弦的战斗。

剩下几个鬼子，掉头就往山下跑。

马宝玉左右一看，"撤！"一声命令，几个人又回到山缝后。

太阳已经下山了，天色逐渐昏暗。马宝玉对大伙说，"我们已经完全暴露了目标，而且胜利完成了任务。""走。"五位勇士互相招呼着，开始撤退。

6. 把敌人引上绝壁

刚刚迈出两步，马宝玉忽然又停住了。他望望棋盘

士，在狼牙山人民为纪念五壮士，在狼牙山棋盘坨上修建了雄伟的纪念塔。

坨的顶峰，又望望主力转移的路。摆在他们面前有两条路：一条是主力转移的路线，走这条路，可以很快回到首长和战友们的身边。可是敌人就在身后，他们走到哪里，敌人就会跟到哪里，而且肯定会追赶不放。这样一来，就会威胁到主力部队的安全，一天的战果，将前功尽弃。另一条路是通往棋盘坨顶峰的路。顶峰上，三面都是悬崖，那是一条绝路。

马宝玉回过头来望着战友们，他没有开口说什么，四位战友也意识到，班长是征求他们的意见。

大家不约而同地指着通往棋盘坨顶峰的那条路，坚定地说："走!"

五位勇士心中只有一个愿望：那就是宁可牺牲自己，也不能让敌人发现自己的主力部队。他们有意识地再次把自己的行动暴露给敌人。

五位勇士抓住身边的树枝，踏着凸出的岩石，向顶峰爬去。

敌人又一次发现了目标，紧紧尾追。胡福才刚好爬到一山凹处，回头一瞧，可乐了，对身后的班长说："班长，这些傻瓜全跟上来了!嘿!龟孙子可上了俺们的当啦!"说完，身子往右一躲，端起枪"砰"地一声把一个日本兵打翻到悬崖下。

五位勇士回过身来，依托着岩石和树木向尾随过来的敌人射击。有的敌人中弹滚了下去，有的踏落石头坠入深谷。敌人每追一步，都要留下尸体和血污。

夜，终于降临了。五位勇士登上了棋盘坨的顶峰，他们望着西下太阳，精神抖擞，忘记了饥饿和干渴。每个人把袖管挽得高高的，把鞋带扎得紧紧的；枪上都上好枪刀，看样子就像要下山的猛虎。

敌人被打得人心惶惶，可是又不肯就此罢休，像疯狗似的追上来，勇士们再没有地方可退了。

马宝玉扣动了扳机，才发现子弹不知什么时候已经打完了。葛振林的枪膛里也是空的。

"班长，我也没有子弹了，手榴弹也没有了。"胡德林喊着。

"班长，我也啥都没有了。"宋学义也在喊。

"班长，我还有一颗手榴弹。"胡福才说。

胡福才把手榴弹高高举过头，想向敌人投去，被马宝玉抢先一步抓到了手里，手榴弹被手握得太紧了，木柄热乎乎的。

马宝玉望着前面的青天，隐隐约约看见坡顶上有一朵小野红花在秋风里摇曳。马宝玉的内心在斗争着："这最后的一响爆炸是给敌人，还是给现在都齐集跟前用灼热的眼睛望着自己的战友们？"

山坡下有一个不怕死"鬼子"的头在伸探。

"轰"惊天动地的声响从马宝玉的手里摔下去。五双眼睛在交换，五颗红心在奏着一个节拍，燃烧过的枪支紧握在每个人手里。

7.宁死不当俘虏

敌人扑上来了。那一张张鬼脸看得清清楚楚。葛振林一急，不知哪来的那么一股劲，搬起一块大石头，举

过头顶，向窜在最前面的一个日本兵砸去。四五个敌人像猪一样号叫着滚入深谷。

又一块大石头从山顶滚了下去，把敌人砸得呲哇乱叫，一块一块石头落在他们的头上。日本兵立刻像被击中的乌鸦，飘飘摇摇地掉进万丈深渊。

"好啊，砸呀！"胡福才高兴地大声呼叫。大伙儿纷纷搬起石头，狠命向敌群砸去。石头撞击着日本兵，日本兵夹杂着石头，稀里哗啦地滚了下去。

十几分钟之后，敌人清醒过来，指挥官督战的洋刀在敌人队伍中闪着寒光。几十个敌人又蜂拥而上。马宝玉机灵地从地上拣起冒烟的手榴弹，猛地站了起来。葛振林、宋学义、胡德林和胡福才明白已到了最后生死关头，一起向马宝玉靠拢，异口同声地喊道："我们同生死，共患难。"闭上眼睛，等待着那个壮烈的时刻。马宝玉一咬牙，冲出几步，把带响的手榴弹甩到敌群里。"轰"，又一声巨响，惊天动地。

马宝玉转过身，叫了声"上崖！"第一个往崖上跑。葛振林也跟了上去。马宝玉抓住葛振林的肩膀，激动地说："老葛，我们牺牲了，有价值……，共产党员无论如何不能当俘虏！"他又把其他三位同志叫过来说："我们一起战斗过4年，出生入死，以前对你们照顾不够，这次战斗证明你们三个人都可以做一名光荣的共产党员。

将来如果同志们能找到我的尸体，他们会在我的衣袋里发现我和葛振林介绍你们入党的信。现在就让我们都用实际行动，表示我们对党的无限忠诚吧！"说完，马宝玉和葛振林立即在自己的小日记本上写上他们俩同意介绍他们三人入党的信。宋学义从内衣里掏出事先写好的入党申请书，申请书血迹斑斑。宋学义负了伤，伤口在流血。宋学义把申请书递给马宝玉，马宝玉把带血的入党申请书夹入小本子里。他亲眼看到了胡德林、胡福才和宋学义三人在战斗中的英勇表现，亲眼看到他们用自己的实际行动填写了一份合格的入党申请书。

敌人紧紧地向五位勇士逼近了。一个共同的声音在他们五个人的心里响着：我们是受压迫的劳动人民，我

们八路军，是为了打败日本帝国主义，解放全中国的人民。我们宁可为民族解放事业战斗牺牲，绝不能活着当俘虏。

马宝玉举起他那支从敌人手中夺来的三八大盖说："砸吧！同志们！不能把武器留给敌人。"

枪虽然是他们最心爱的东西，但事到临头，他们只得把它砸碎，甩到深谷里。

马宝玉把枪砸成两截往大沟一撇，真叫人心痛，那支崭新的三八大盖"嗡"的一声飞到山沟里去了。接着马宝玉看了葛振林一眼，转身就往一块光崖上跑过去。葛振林心里明白了，连忙抢起枪往石头上一摔，没摔烂，也随手甩下沟去。

大伙把枪都砸了，走到悬崖边上。身后，狼牙山像巨人一样耸立着。在这座山上，他们送别过亲密的战友，欢迎过新来的同志，无数次地打击过日本强盗。远处，易水河闪耀着皎洁的白光。在易水河里，五位勇士洗过澡，用河水煮过饭，在河岸上阻击过日本兵。眼下，就要与这山山水水告别了。宋学义在心里默默地说："永别了，亲爱的祖国，亲爱的党！永别了，亲爱的战友，亲爱的母亲。我们完成了党和祖国人民交付给我们的任务，我们把敌人拖住了。"

敌人冲上来了，离五位勇士只有几十步，敌人乱喊乱叫："抓活的！抓活的！"

胡福才脱口而说："别想好事，让你们连根毫毛都抓不着。"

面对悬崖，五位勇士表现得异常坚定，从容。马宝玉走在前，他正了正军帽，擦了把脸上的血迹，拉了拉

日军侵华修筑的碉堡

衣襟，然后，像每次发起冲锋一样，大喊一声："同志们！跟我来！"第一个纵身飞向深谷。

"跟我来——跟我来……"这亢奋的呼唤，掠过群峰，在苍穹下回荡。

紧接着，葛振林高呼着："共产党万岁！打倒日本帝国主义！"一个箭步也跳了下去。

随后，宋学义、胡德林、胡福才也一齐跳下悬崖。

狼牙山，披着夕阳的余辉，默默地肃立着，向宁死不屈舍身跳崖的八路军英雄致敬！

敌人终于"占领"了那块凹地和棋盘坨。风在吼，蓑草萋萋。

崖边的日军都惊呆失色了。

"五个的？五个的五个的！"翻译官向日伪军们叫喊起来，"八路军真坚强啊，摔死不投降！"

"我们是个什么东西呢？老乡们"，伪军们手指着崖下，哭了，"这才是中国人哪！我们不是人……"

寂寞的夕阳洒在血的山坡上。

8. 死里逃生

马宝玉的白衬衣在崖上一闪——他跳了下去。葛振林纵身第二个跳了下去，耳边呼呼生风，身子挨到树，手不由自主地乱抓。左抓一把，右抓一把，手被树杈划了一道道血口。抓空了，"噔噔"地往下滚。"嗵"的一声一撞，脸朝山，屁股朝沟，停住了。葛振林知道自己没有摔到底。还活着。但他浑身没有劲，一动不能动。

"唰——唰——唰"人头般大的石块顺着他们下来的山崖不断地往下滚，"嗵——嗵——嗵"摔下崖去了。幸好一块也没有砸到葛振林身上。葛振林听到敌人的声音，那声音离他不过半里来路，很清楚。日本鬼子在哇啦哇啦地说什么，只听一个伪军在说："这些八路真有种，死也不缴枪！"不一会儿，山沟里又响起了一阵枪声，子弹嗖嗖地从葛振林头上飞过去。敌人没有发现他。葛振林意识到，一旦敌人发现自己，干脆就一挪动，宁可摔下去，粉身碎骨，也不让敌人抓到活的。

敌人在五位勇士坚守过的阵地上打了一阵枪，放了

一会儿炮就没有动静了。

葛振林试探着抬起头，从树杈里往前看去，原来身子正在大沟的半山腰里，再往下不远，就是立陡的悬崖。真巧，葛振林被一块大石头和几棵小树拦住了。要是再偏一公分呀，别说活，哪怕是连骨头也剩不下啦。

葛振林往上看看，离跳崖的地方约有不到一里地。再看看自己，衣服到处是豁口，血从破衣服缝里流出来，也说不清是伤着什么地方了。最疼的是腰，他觉得伤得不轻。

葛振林想："我不能老待在这里，日本鬼子还没有消灭掉，我就要活下去。"于是他决定往山上爬。当时他还有股急劲，忍着疼痛，翻过身来，一点一点往山上爬。

别看滚下来时容易，再往上爬就困难多了。爬一步要停下来，揪住一棵小树或者一块石头，咬咬牙，攒攒劲，再爬上一步。爬了好大一会儿，还不到一半。

葛振林正吃力爬着，忽然听到不远处草叶子、石块"哗啦"一响，他一愣，连忙靠在一块石头旁，往外一看，只见不远处一个人在动，好像是宋学义。葛振林小声喊了声：

"宋学义！"

"哎，是班副吗？"

"是呀！你怎么样？"

"我动不了啦！"

葛振林看看离宋学义还有一段路，横着又走不过去。只好说："动不了也得爬。敌人可能走了，你自己想法子往上爬，我在上边等你。"

接着葛振林问他："他们几个呢？"他希望宋学义能够碰到过他们几个人。

"一块儿下来的，没见到！"宋学义回答。

这个回答本来是在他的意料之中。从那样的陡崖上跳下来，总是死多活少。可是自己活着，又见到了宋学义，本是应高兴，但想起他们几个人，一阵子心酸。

越往上爬，越吃力。每到休息的时候，葛振林就想他们。想到班长马宝玉。班长又憨厚又直率，平时不爱多说话，可说一句算一句。每次打仗他总是说一声"跟我来"，三脚两步就走在头里。每次数他的战利品最多。平时打饭、提水，他从来不吩咐别人，总是不声不响地自己干。他常在党的会议上表态，不打败日本帝国主义，永远不回家。

"班长、班——长，你在哪？"葛振林大声呼唤着。

不知怎的，葛振林还想着这个真实的故事。两年前，他刚刚参加共产党。班长跟他约好，一摸耳朵就是开党的会，就要马上跟他走。原来，当时党还不公开，一摸耳朵就算开党的会议的通知，可是头一次，葛振林忘了，马宝玉摸呀，摸呀，把耳朵都摸红了，他还笑他呢。事后班长把葛振林好顿训，告诫他小事可以糊涂些，大事要清楚，不能缺乏组织观念。还有那个不笑不说话的胡福才和那个年轻的胡德林，他们几个钟头以前还比赛看谁打得"鬼子"多，现在都不在了，葛振林忍不住流下了两行热泪。

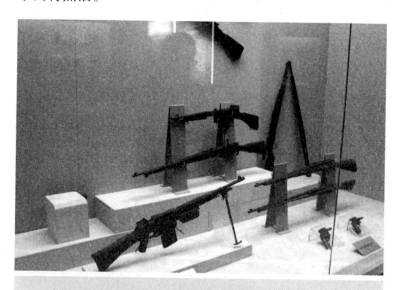

抗日战争中我军使用过的战斗武器

葛振林爬上原阵地的时候，太阳已经落山了。他又爬到班长跳下去的地方探头望望。这个地方特别陡，黑沉沉，一眼望不到底，近处光溜溜的石尖横躺着，石缝里长着一簇簇酸枣棘子，被晚风吹得一摇一摆。他又放开嗓子喊："班——长，马——宝——玉。"回答他的只有空谷的回声和那越旋越低的苍鹰。

葛振林沿着崖边转到前沿。他们战斗过的地方，到处是一片黑，他真想不出当时是怎样坚持下来的。在他们的阵地前面，敌人的尸体都被带走了，到处是一堆堆血衣，看样子被打死打伤的真不少，我们五个人，打死那么多敌人，还行。葛振林边转边想。

葛振林转了一圈之后，躺在地上喘喘气。这时宋学义还没有上来，歇了一小会儿，他用浑身的气力爬了起来，弄到两根棍子，又拔了两个萝卜，擦净泥，等着宋学义。

又过了一会儿，他听到宋学义的喊声，顺着声音他帮助宋学义攀上崖头。宋学义的腰骨摔断了，一上来就大口吐血，好不容易把血止住了，吃了块萝卜压了压。

葛振林说："老宋，待在这里不行，咱们得走。"

"奔哪里？"宋学义有些发愁。

葛振林说："上棋盘坨大庙。现在敌人走了，那里可能有自己人，先弄点吃的再说。"

狼牙山五壮士

他们两个人拄着棍子，边爬边走，直奔棋盘坨那座庙。走到离棋盘坨庙不远的地方，天完全黑了。他们刚要爬过一个崖坡，突然从石缝里钻出来一个人，穿便衣，看样子像地方工作的同志。这个人连声喊："别走了，那边有地雷！"话音没有落，地雷就响了。葛振林一把将宋学义推开，就地一滚，又滚了一次山坡，幸好这次没有伤着。等他们再爬起来，刚才说话的那个人不知哪里去了。

他们俩艰难地爬了一段路，见路边有个草庵子，就决定进去休息一下。他们俩一面休息，一面判断着大庙里是否有敌人，商量上去的办法。说着说着，忽然听到房后崖头下面有人说话了："你不是六班副吗？"

葛振林一听就听出来了，是他们连的小司号员同志。就连忙答应："是呀！你快上来吧！"对方不放心，又连问了几声，才爬上来。

原来小司号员腿上挂了花，找不到部队了。过了不久，又进来一个人，是那个穿便衣的。一见到葛振林他就掉泪了，他说："四个人里面就我一个健康人，可我又背不了你们几个人！"葛振林说："不要紧，我们商量个办法吧！"大伙商量了一阵，决定奔棋盘坨大庙。但是，最困难的是对那里的情况不了解。宋学义非常坚定地说："反正我的伤最重，我先爬过去，没有敌人我就喊一声，

要是有敌人，能回来就回来，不能回来就和敌人拼了！"几个人阻止不了他，他走了。这时已是晚上八点多钟了。过了好大一会儿，才听到他的喊声，他们走上去，那便衣同志搀着宋学义，四个人来到了大庙。

大庙里空空的，旁边的房子烧光了。里面乱堆着敌人丢下的罐头盒子，当院一个大土坑，周围尽是敌人的血衣，看样子敌人踏响不少地雷。便衣同志帮助葛振林找来口破锅，烧点开水，又将八路军撤退时没来得及吃的两锅小米饭热了热，大家分着吃了点。

第二天，那个便衣同志为大家做完早饭走了。庙里的老道士回来了。他和八路军部队混得很熟，一见面就唠起来。他问葛振林："今天鬼子打的是你们吧？"

葛振林说："是。"

老道士说："打了一天的仗，可真艰苦。你们团长叫邱蔚，他一直看着你们打仗的方向，直掉泪，以为你们都牺牲了。"葛振林听了，很为首长这样关心他们而感动，不由得又想起那三个牺牲的同志。

老道士告诉了他们部队去的方向。葛振林看小司号员同志伤势轻些，就让他头里走，去找部队联络。他和宋学义互相搀扶着继续往前走。

他们一路走，一路打听，又是一夜没有合眼，历尽艰辛，到第二天下午三点钟的时候，才碰到一个在山上

新中国成立后葛振林与宋学义合影

打柴的战士。这个战士告诉葛振林说："同志，我们是二十团的，一团可能还在下边。"他们赶到下边，刚巧是他们的连队。

指导员看见葛振林和宋学义伤势不轻，硬是背着他们回到连部的小土房里。

听说葛振林回来了，全连同志都跑来看他们，屋里屋外，送这送那，问这问那。葛振林躺在炕上，指导员把手搭在他的肩上，什么话也不说，眼泪扑落扑落地直掉，全屋的人也都跟着掉泪，怀念牺牲的三位同志。

当天，葛振林和宋学义被送到团的卫生队去休养。宋学义的伤重些，葛振林的伤稍轻，他的脊骨摔断了。反扫荡结束以后，葛振林回到他的连里，他时刻缅怀战友，奋勇杀敌人，屡立战功。

在这次威慑敌胆的狼牙山阻敌战斗中，五位八路军勇士，凭着五支步枪和手榴弹、地雷，牵制了日寇三千多兵力，同超过自己上百倍并有飞机、大炮助战的敌人打了一整天。敌人被五位勇士打死打伤一百多人，而他们五个人，除了班长马宝玉、战士胡德林、胡福才三位同志壮烈牺牲外，葛振林和宋学义同志幸免于难。他们俩亲眼看到了日本帝国主义投降，还亲手接过了日本军队向他们投降时交出的武器和受降人员名单。

后来听说，进剿狼牙山的日本小队长来过狼牙山棋盘坨大庙，并和一位曾经在甲午战争时参加过战争的80多岁的老道谈起这五位勇士。

"我当过几十年的兵"，老道说，"还没有见过像八路军这样的军队，真是神兵啊！"

顶峰歼敌

（英勇顽强）

引上绝路

英勇跳崖

诱敌上山

（勇于牺牲）

接受任务

幸存的副班长葛振林、战士宋学义伤好后归队的照片

"神兵的!?"日本小队长问。

"是的。"老道回答,并点点头。

日本小队长是为"神兵"所惊服了,不断地向天空礼拜着。

这年11月,反扫荡胜利结束。一分区召开了隆重嘉奖大会,军分区司令员杨成武代表军区聂荣臻司令员向葛振林、宋学义颁发了奖章与奖品,并追认马宝玉、胡德林、胡福才三人为革命烈士。从此,"狼牙山五壮士"的美名便流传于世。

当年取得反"扫荡"胜利的边区军民,用他们最高昂的音调，在齐声颂扬着棋盘坨五个勇士英勇奋战的事迹，他们给边区子弟兵增添了无比的骄傲和无上的荣光。人民也因有了这样的子弟兵而感到自豪和荣耀。

新中国成立后，易县人民在狼牙山的主峰上建造了纪念塔，以缅怀马宝玉、胡德林、胡福才、葛振林和宋学义五位革命战士的英雄事迹。塔的正面镌刻着聂荣臻题写的"狼牙山五勇士纪念塔"九个大字。塔身像一把熠熠发光的宝剑，直刺蓝天。

成千上万的人来到这里瞻仰、凭吊。他们赞美气势磅礴的狼牙山，赞美碧波荡漾的易河水，更赞美中华民族值得骄傲的英雄儿女——狼牙山五壮士。

狼牙山五壮士群雕

视死如归的马宝玉

　　马宝玉（1920—1941年）蔚县下元皂村人，1937年参加八路军，两年后入党。

　　1941年9月在易县狼牙山为掩护主力部队和人民群众安全转移，他带领全班4名战士奋勇杀敌，同数千日军巧妙周旋一整天，将敌人引上绝路，胜利完成阻击掩护任务，宁死不屈，毅然跳崖牺牲，年仅21岁。

　　1920年10月，马宝玉出生在一个贫苦农民家庭。1937年10月，八路军115师杨成武独立团在取得平型关大捷后乘胜北上，光复蔚县全境。马宝玉在西合营镇随本县4 000多名热血青年一起参加了革命军队，成为一名光荣的八路军战士。在频繁的战斗中，马宝玉逐渐积累了战斗经验，在文化、政治学习中，初识了文字，懂得了革命道理。

　　1939年他光荣入党，不久后担任班长。从此他更加严于律己，阶级觉悟不断提高，革命斗志更加旺盛。

从蔚县城东行20公里的西合营镇北上进入黄梅乡，沿着一条乡村小道前行，便来到陈家洼乡下元皂村。这儿就是班长马宝玉的家乡。

远眺下元皂村口，旁边的土崖上巍然屹立着一座雕像。到村口后，沿着单砖铺就的阶梯，拾级而上，来到崖顶，灰砖垒成的"长城"沿着山体蜿蜒伸向远方。"长城"围着一块平坦的坡地，中央矗立着抗日英雄马宝玉的雕像，烈士碑上写着"马宝玉烈士永垂不朽"。

陈家洼乡地处海拔 1 000—1 200 米，全乡 19 个村，人口 8 000 多。其中下元皂村就有 1 500 多人，散居在一

马宝玉的塑像矗立在村口西面的高坡上

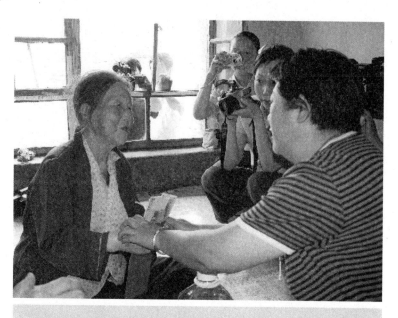

张家口市总工会慰问马宝玉的妹妹马宝英

条狭长地带的土沟里。据村里老人介绍，因下元皂村是一个狭长的土沟，村民居住相距较远，儿时只听说过马宝玉，但对他的身世并不十分清楚。但村民们对抗日英雄马宝玉惊天地，泣鬼神的壮举却耳熟能详。

蔚县下元皂村坐落在壶流河畔下游。壶流河水养育了这里的村民，由于上游建起壶流河水库，如今留下的是一条干涸的河床。马宝玉被人们称为从这里走上抗日道路的壶流骄子。

从村口沿着一道狭长的土沟前行200米左右，是下元皂村委会大院。在村委会院后，有块菜地，这里就是马宝玉家的旧址。1920年马宝玉就出生在这里。

村委会旁边有一眼山泉"井"，名叫"满井"，全村共有4眼这样的泉水"井"。"满井"冬暖夏凉，即使寒冬也不结冰，至今村民生活用水仍来自这里。马宝玉就是喝"满井"水长大的。这也是村里迄今唯一存留下的与童年马宝玉生活有关的实物。

离菜地不远处，是下元皂小学。在学校陈列室的墙壁上，贴满了狼牙山五壮士抗击日寇的图片和各种题词：狼牙山涧成壮志，威震敌胆；易水河源舒正义，万世流芳。这一切会把人们带到烽火连天的"狼牙反扫荡"战斗的回忆中。

马宝玉有个妹妹，名叫马宝英。马宝英曾回忆说，其祖父和父亲在世时，家里有40多亩土地，一头骡子和一辆铁车，家中虽然人口多，但靠爷爷和父亲的勤劳，尽管吃的是粗茶淡饭，穿的是土布衣衫，但凑合着总算不缺吃少穿。

马宝玉10岁那年父亲不幸中年早逝。年过花甲的爷爷强忍白发人送黑发人的悲痛，卖掉骡子和铁车，埋葬了儿子。从此，家里断了顶梁柱，日子每况愈下。两年后，马宝玉母亲溘然长逝，为了办丧事，马宝玉的爷爷再次卖掉20亩地。

接连遭遇不幸，家里顿时变得缺吃少穿。马宝玉的爷爷不忍心看着兄妹三人活受罪，将10岁的马宝英送到上康庄给人当了童养媳。此后，马宝玉经常抽空去看望年幼的妹妹。

马宝玉17岁那年，他72岁的爷爷因病去世。为办爷爷的丧事，他又卖掉十多亩地。之后，为了寻找出路，马宝玉把刚满9岁的弟弟马宝山，连同家里仅剩的十几亩地和几间土坯房托付给叔叔，拔脚去宣化县（今宣化区）深井一家点心铺当了学徒。半年后，日寇占领了深井，马宝玉返回下元皂村，但其叔不愿收留他。他在去看望妹妹马宝英时说，听说有打日本鬼子的红军（当时人们称八路军是红军），要是咱这里也有红军就好了。

几天后，马宝玉再次看望妹妹，并千叮咛万嘱咐，

要妹妹注意身体，要学会自己照顾自己……没想到这竟成了马宝玉和家人的最后诀别。

马宝玉参加八路军，不仅家人不知，连许多村民也不知道。有人说他在蔚县西合营参军，也有人说是在距下元皂村五六里的下利台村参军。

而下元皂村民得知马宝玉是狼牙山五壮士一事，则是在70年代末。据马有仁讲，因为村大，居住较分散，马宝玉参军时许多人不知道。马有仁说，有人认为他是山西人，当时部队派人来调查马宝玉的特征，村民们才知道纵身跳崖的抗日英雄、狼牙壮士之首是下元皂的马宝玉。

1992年4月，共青团蔚县委员会收到一封来自中国儿童少年基金会办公室署名李继光的来信，述说了寻找马宝玉系何方人士的经过。在战争年代很难落实狼牙山五壮士中马宝玉等三位烈士的家乡在哪里。李继光和战友缪永忠，曾是狼牙山五壮士所在部队战士，1976年秋，奉命写《狼牙山五壮士》传记文学。他们在湖南衡阳找到五壮士中生还者葛振林，并得到重要线索：马宝玉大概是河北蔚县人。当时有人说马宝玉是易县人，也有说是容城人，还有说是陕西人……经过千辛万苦地查找，最后在下元皂村获知马宝玉的弟弟马宝山的消息，又通过马宝山找到在沽源生活的马宝英，最终确定了马宝玉

的家乡为蔚县下元皂村。

历史不会忘记他们，人民不会忘记他们。马宝玉的家乡蔚县多次开展"纪念马宝玉烈士，学习马宝玉精神"为主题的系列活动，先后命名了"蔚县马宝玉小学""马宝玉中队"，并为马宝玉烈士塑像（目前在蔚县境内有3座马宝玉烈士雕像），出版了《狼牙壮士马宝玉》一书。

据蔚县马宝玉小学校长介绍，每年新生入学，学校都要开展学习马宝玉活动，"以宝玉精神，办宝玉学校"。

马宝玉是蔚县人民的骄傲，更是张垣大地的骄傲，如同"沂蒙精神"同山东人那样，"马宝玉精神"应该成为张垣人民的宝贵精神财富。马宝玉和他的战友用生命和鲜血铸就了一座永远的历史丰碑，在中国人民抗战史上谱写了一曲气贯长虹的英雄赞歌。

感动无数中国人的葛振林

　　葛振林（1917—2005年）出生在河北省曲阳县党城乡喜峪村。1937年参加革命，1940年加入中国共产党。1941年9月25日，在河北省易县狼牙山阻击日军战斗中，葛振林与四位战友宁死不屈，壮烈跳崖，他和宋学义被挂在树上，幸免于难。

　　伤愈后，先后投入解放战争和抗美援朝战争，屡建战功。朝鲜停战后回国，历任湖南省警卫团后勤处副主任、湖南省公安大队副大队长、衡阳市人武部副部长，衡阳警备区后勤部副部长，1982年离休。离休后依旧忙碌，把晚年的大部分精力用在关心青少年成长上。曾任衡阳市"关心下一代工作委员会"副会长，担任衡阳市20多所中小学校、全国近200家中小学的校外辅导员。

　　1941年9月，葛振林被晋察冀军区授予"狼牙山五壮士"光荣称号和"民族英雄奖章""青年奖章"各一枚。1955年授予少校军衔和中华人民共和国三级解放勋章。1981年7月按副师级待遇离职休养，1983年6月提为正师级待遇离休干部。1988年授予二级红星功勋荣誉章。1988年被国家教委、共青团中央授予"优秀校外辅导员"称号，1991年被全国下一代协会评为先进个人。

2005年3月21日23时10分，葛振林在衡阳病逝，终年88岁。

2005年3月21日，并不是一个特殊的日子，就像1941年9月25日一样。

那个瞬间之后——当他与四位战友从狼牙山主峰棋

1985年8月，在纪念抗日战争和世界反法西斯战争胜利40周年的日子里，68岁的葛振林应邀参加湖南省少先队代表会议，对孩子们进行革命传统教育。

盘坨一跃而下，命运又给了这个战士64年的时光。

3月25日上午，衡阳市殡仪馆最大的灵堂三门齐开，人群和花圈挤满了院落。在挽幛上，人们可以看到聂力的名字，这位女中将的父亲，正是当年的晋察冀军区司令员聂荣臻。

"狼牙山五壮士"六字，正是司令员当年对英勇下属的断语。

在吊唁人群中，一些须眉皆白、举止整肃的老者引人注目，但更多的男女老少并没有明显的特征。

"他真的是一个大英雄。"72岁的衡阳市民王焕云说，自己是文盲，过去不知道葛振林是谁，这几天听孙儿讲这是个大英雄，跑过来一看，就相信了。

那个爱说笑的老头去了。在黄茶岭的小院附近，大家对平日称为葛老的这个人有另一种描述。

"不像个英雄，倒是个瘦瘦的干巴老头。"在街角摆擦鞋摊的李云说。这位34岁的妇女来自湖北，她说自己学过《狼牙山五壮士》的课文，但葛老和她想象中的不一样，没有架子，常来嘘寒问暖，让她心里觉得蛮舒服的。

"他常常会问蹬三轮的、卖菜的，家是哪的，收入怎么样，几个娃，上学了吗？"附近卖期刊的老人芦石安回忆说。他还给葛老起过一个外号："葛两毛"，因为街上

1993年大渡河十七勇士老船工韦崇德与狼牙山五壮士幸存者葛振林。

的人都知道，葛老买东西若余几毛钱找零，总说句不要了摆手就走。

"穷人富人，他都很能合得来。"葛夫人王贵柱说，老伴还是更喜欢穷人和孩子，他喜欢摸孩子们的小脑袋；喜欢穷人就是给钱。

"要饭的就喜欢围着葛老家门口转。"芦石安得出这样的结论。

王贵柱还解释道，葛老就喜欢旧军装，做了一件西服，从来没穿过。戴黄军帽是因为跳崖时碰了头，戴帽子挡挡风。

多年来的每天早晨，黄茶岭的人们会看到这个身着旧军装的老人拄着拐杖去警备区拿报纸，一路上敲得地面"铛铛响"，他见了谁都会打招呼，逗会儿乐。邻居们说，可能除了打仗的时候，葛老一辈子都是笑口常开。

"可是现在街上都冷清了，那个爱说笑的老头去了。"芦石安叹了口气。

1. 战友情

3月25日上午，81岁的抗日老战士、原衡南县武装部部长宋文坤在老伴搀扶下来到灵堂，向多年的老战友告别。

"我以为他能挺过来的。"宋文坤说，他们夫妇20多天前曾去看望术后的葛振林，当时，喉咙上插着管子的老葛还一边比画一边唱："老子的队伍才开张……"

"你个摔不死的，这次也没事。"宋老这话曾让两家人开怀大笑。

但此时的葛老已是沉疴难返。衡阳市中国人民解放军169医院三内科主任彭寒林介绍，由于心、肾、肺功能几近衰竭，葛老的气管先后切开了两次。

"但他没有痛苦的样子。"彭寒林说，一般人做气管切开手术，麻醉醒来会非常难受，葛老却总是将笑挂在嘴上。

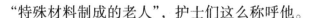

"特殊材料制成的老人"，护士们这么称呼他。

"他的顽强是一个老兵与生俱有的。"原衡阳军分区副司令员朱旭更愿意这样理解相知64年的葛振林。

1941年，朱旭在晋察冀军区政治部负责发放药品，在当年11月5日的晋察冀日报上，他看到一篇题为《棋盘坨上的五个"神兵"》的报道，而此报道多年后被修改编入小学课本，定名《狼牙山五壮士》。

"在反扫荡斗争中，五名八路军战士为掩护大部队和老百姓转移，把敌人引上了狼牙山的主峰棋盘坨。在消灭了50多个敌人后，五名战士砸碎了手中的武器，纵身跳下了万丈悬崖。"朱旭记得当时报道如此

　　1993年"八一"前夕，"狼牙山五壮士"幸存者葛振林（中）等革命前辈来到北京军区某部，为官兵们讲革命传统。

描述。

另有史料记载，当几百名日军冲上悬崖顶，发现与之激战近一日的对手只有五个人，他们就在悬崖上排成几列，面对五人跳崖处三度折腰。

1941年11月7日，晋察冀军区司令员聂荣臻签署训令，将五战士命名为"狼牙山五壮士"，"那时候我就知道了有这么五个人，但还未见过老葛。"朱旭说。

抗战结束直至新中国成立初，葛振林历经天津、张家口、清风店和太原战役，还参加过江西剿匪和抗美援朝，全身六处负伤，为三等甲级伤残。

长沙解放时，在湖南省军区政治处军邮办事处任处长的朱旭第一次见到了葛振林，他的第一印象是葛"瘦高瘦高"，并总是笑呵呵的。

大约在1962年，葛振林调任衡阳军分区后勤部副部长，正式和朱旭成为同事。

"认真是他的一大特点，他在后勤部负责军装的发放、后勤保障等物资的管理，从来没出过错"，朱旭说。

1966年春，葛振林向衡阳军分区司令部提交申请希望休养，上级考虑到他的伤病，批准了这一请求，当年8月，这位老战士离岗退养，时年49岁。

16年后的1982年，葛振林正式离休，享受正师级待遇。

2. 不讲狼牙山故事

3月17日，几名小学生拎着水果走进衡阳169医院，他们围在病床前说，想听葛爷爷讲故事。床上的老人此时动了动身子，颤抖着声音回答："娃娃们，现在不行，等我好了就给你们讲。"目睹这个场景的衡阳市政府新闻办主任成新平，和护士们一道抹起了眼泪。

1966年离岗休养后，葛振林曾先后担任衡阳市10多所学校的课外辅导员，并应邀到湖南、河南等10余省的部队、机关、监狱等单位做报告300余场次。

衡阳雁峰区六一实验小学原校长谢慧兰回忆，葛老很少向学生回忆狼牙山那一幕，而是讲更多的战斗故事，每次都叮嘱孩子们"珍惜现在的好条件，好好学习，祖国的江山打得多不容易啊！"老战友宋文坤也说，葛老最不喜欢战友们提狼牙山跳崖的事，他总会很激动地说："咱们都是八路，那个时候，你们还不知道吗？换了你们，你们就不会跳吗？"

卖期刊的芦石安有次进了份杂志，上面有篇文章讲到"狼牙山五壮士"，聊天时他拿给葛老看，葛老摇了摇头，就推开了。

海南省军区后勤部原政委，80多岁的陈永春老人也知道葛振林的这个脾气。去年春，他曾和葛老一起在广州军区总医院住院，当时他向同室的另一位战友介绍：

"这就是狼牙山五壮士之一，国宝葛振林。"对方肃然起敬，但事后却给葛老一阵骂，"老陈你这是瞎胡闹，没原则。"

葛老的几个儿子告诉记者，连他们也是看了电影和学了课文之后才知道，自己的父亲，就是那位喊着"打倒日本帝国主义"跳下悬崖的壮士。

葛老的长孙在军校从不透露自己的家世，有一次，同学们聊到狼牙山五壮士，说不知道葛振林现在何处，他就笑着说："可能在衡阳吧。"

3. 替他们多活两年

1986年，葛老应邀回狼牙山参加五壮士纪念塔落成仪式，现任河北曲阳县人武部政委崔永德当时陪了老人7天。第1天，69岁的葛老坚持要到山上看看，走到半山腰便没了体力，他手指远处的棋盘坨主峰，半晌

说不出话来，眼睛湿润了。第2天，老人拉着崔永德走遍了狼牙山附近的村庄，顺便打听另外三名烈士家属的消息。

然而，此次故地之行还是给老人带来莫大欣喜，他遇到了当年的救命恩人余药夫。

崔永德述说了两位老人相见的场面，"他们一次又一次地拥抱在一起，好久好久。"

1999年12月，衡阳电视台录制了一期新旧世纪交替的节目，采访时问及葛老的最大希望，葛老答说想再见恩人一面，给他唱首歌，说着便唱了起来，"没有共产党就没有新中国……"

对当年的另一位幸存者宋学义，葛振林也念念不忘。衡阳市政府新闻办主任成新平说，葛老曾对他谈起跳崖的情景，他与宋学义是搭着肩膀一起跳下去的，也许正因此才被树枝挂住而保住了两条性命。

夫人王贵柱说，葛老曾去看过宋学义，宋学义也来过衡阳两次，"宋学义的腰不好，走路很慢，要摸着墙走。"

1971年，宋学义辞世，去年，余药夫老人也走了。

"我已经替老班长他们活了60多年，但还想替药夫和学义再多活两年，最想替战友们见证抗战胜利60周年。"葛老曾向子女们这样诉说，他得偿所愿了。

4."咱们还不富裕"

葛老一生十分勤俭，在衡阳中国人民解放军169医院住院期间，天气寒冷，护士怕他感冒，打开了空调，葛老便关上，护士趁葛老睡了，便又打开。从此，葛老醒来的第一件事便是伸出颤抖的手去试探，看空调有没有热风，如果有热风，他又去关上；有时护士见外面的阳光较暗，便开室内的灯，护士刚打开，葛老便关上。

他深情地对护士说："国家还不富裕，我们要节省每一度电，每一分钱，支援国家建设。"

夫人王贵柱说，葛老退养后，有一半以上的时间

1995年8月，葛振林出席全国政协纪念抗日战争胜利50周年座谈会。

在给孩子们做报告和写回信。葛老做报告从不吃请。王贵柱说，能骑自行车的时候就骑自行车去，骑不动了，他就拄着拐杖走着去，报告结束，不但不吃饭，还要叮嘱一下对方，"你们也别以我的名义吃喝啊，咱们还不富裕，有那个饭钱可以给娃们买多少书啊"。

20世纪70年代后期，衡阳某铁路学校校长给葛老家里送了20元讲课费，钱被葛老扔了出去，人也被葛老骂走了，打那之后，没人再敢跟葛老提报酬的事。

衡阳市警备区干休所所长黄建寅介绍，早两年，按照干休所的规定，享受正师级待遇的葛老每月可以免费用车180公里，"可考虑到所里用车紧张，他就让保姆推着轮椅来干休所卫生所打针"。黄建寅说，从葛老家到干休所约1.5公里，还要上个大坡，葛老怕保姆累着，就帮着转轮椅，"我们看到老爷子这样，就想哭"。

实际上，捐款也是葛老一项重要的开支，夫人王贵柱说，每遇任何灾害，老伴总是第一个捐款。

"葛老不光自己踊跃捐还监督别人捐，谁捐慢了，葛老都会开着玩笑说'你这个老抠门'。"衡阳市警备区干休所一位老干部回忆说。

5. 一生勤俭感动无数中国人

葛振林从不以英雄自居，他一生勤俭节约，安守清贫，感动了无数中国人。

葛老的家，是一个很平常不到120平方米的四合院，坐落在衡阳市警备区旁边。室内布置陈旧，一位"革命老人"的红匾和镶在镜框里的老照片特别引人注目，可是却找不到一些时新的电器、家具，与院外的繁华形成强烈的反差。室内有一个七八平方米的书房，极为简朴，一个旧式书柜中，整齐地摆着马列主义文集和军事书籍，书桌边唯一显眼的是一张崭新的真皮沙发，但葛老一直舍不得坐。旁边放着一张破旧的藤椅，已经松了架，椅子破了几个大洞，但葛老仍舍不得丢，他"缝缝补补又

三年"，一直坐在这张藤椅上读书看报，这一坐就是40多年。葛老离休后，他的衣着十分朴素，一身洗得发白的军装，经常是穿了又穿。

葛老有4个儿子，但葛老从不向组织提任何要求，也不为儿子的就业找关系，他经常对儿孙们说："任何时候都不能做对不起共产党的事。"

有一次，他的孙子发高烧，老伴便让葛老打电话给衡阳市警备区干休所，要求派车，葛老也慌了神，急忙到房里打电话，可拿起电话又放了下来。他对老伴说："你还是叫他妈妈背着孩子坐公共汽车到医院吧。"老伴不依："平时不指望你派车，今天孙子要上医院，要台车不行？你不打电话我来打。""你敢！"葛老火了。

没办法，老伴只有让儿媳冒着烈日背着孙子挤公共汽车上医院。后来，他的这个孙子考上军校，也没利用他的一点关系，直到军校毕业之后，很多同学还不知他就是大名鼎鼎的"狼牙山五壮士"之一葛振林的孙子。

葛振林一生安守清贫悄然离世，引起了全国人民对他的崇敬和怀念。"抗日狼牙山一跳成壮士英雄事迹彪炳史册；跟党干革命万险砺志士赤胆忠心扬美名。"

隐功十余年的壮士宋学义

宋学义（1918—1971年），河南省沁阳市北孔村人。他出身佃农，从小过着牛马不如的悲惨生活。1939年，宋学义在讨饭途中参加抗日游击队，后编入晋察冀一分区一团七连当战士，1941年宋学义加入中国共产党。

宋学义和葛振林跳崖后，幸运地被悬崖壁上的小树和石头卡住了，后被人救起。经后方医院抢救得以生还。战斗结束后，分区司令员杨成武代表聂荣臻将军授予宋学义"英勇顽强"抗日壮士勋章。

1944年秋天，宋学义转业到了河北省易县北管头村落户。1947年7月，宋学义和爱人几经辗转，回到了自己的家乡——沁阳县王曲乡北孔村。

刚回到家乡的宋学义没有房子住，在左邻右舍的帮助下，收集了一些残椽旧瓦，盖了个能遮风避雨的房子。到20世纪50年代初，宋学义家依然家徒四壁。

1. 处处事事关心群众

在北孔村，宋学义是最忙的一个人。他管理着全村的三个食堂，一个幼儿园，一个养猪场，一个大鱼池，还有一些杂七杂八的琐碎事。但是北孔村的食堂是全县第一流的模范食堂，县里在这里召开过现场会议。北孔村的养猪场是全省的模范养猪场之一，得到省里的奖旗。

在北孔村，经常睡得最晚的要数宋学义。他已经养成了一种习惯，每天晚上提着油灯，拄着拐杖（在狼牙山跳崖时，摔断了腰）在食堂、猪场、幼儿园等地方查看。经常在厨房里和炊事员谈心，帮助他们制定第二天的食谱。一天晚上，大风雪，赶车老汉冻得缩着脖子回来了，宋学义连忙迎上去，从锅底下的热灰中扒出烧的焦黄焦黄的馒头，又从锅里端出热菜热汤："吃吧，先喝碗汤，喝下去就不冷了。我知道你喜欢吃烧焦的馒头。"老汉感动得搓着手，眼里噙着泪。说真的，老伴也没有这样温情地对待过他。

这村的群众过去没有养猪的习惯，宋学义就亲自盖猪圈，弄饲料，喂猪，成夜地守护着生猪娃的母猪。全场几百头猪，都吃得圆滚滚的。那个七十万尾鱼的大鱼池，也是宋学义在腊月的严寒里，第一个下水带领着群众挖的。群众说："大事小情，学义都带头。"他不分昼夜地在工地上挖沟，很少休息，太累了，实在支持不住，就躲到没有人看到的地方，托托自己的腰——这腰断过了两次，唯恐干部和群众看见不让他挖。他哪里还想到一丝自己的身体呢。怪不得群众这么说："学义心眼里只有咱。"

2. 得到群众信任是最大快慰

宋学义和他的四位战友，在狼牙山为了党和人民的利益视死如归的英雄行为，已经被亿万人所歌颂。现在，他忠心耿耿地做一名生活管理员，又使我们看到了一个

杨成武司令员为宋学义授"英勇顽强抗日壮士"勋章。

更完美的共产党员的光辉形象。在宋学义的生活词典里，找不到个人名誉、个人地位、个人得失、个人享受等字眼。

村里的老老少少，谁也不知道他们身边的宋学义就是赫赫有名的抗日英雄。一次，他的儿子宋大保在学习语文课本上的《狼牙山五壮士》一文时，发现叫宋学义的战士和父亲同名同姓，就回家问他是不是课本上说的宋学义，他摇摇头说："咋会呢？不是，不是。"宋大保在以后很长时间里再没有将沉默寡言的父亲同人民敬慕的英雄联系在一起。

1941年，杨成武（右五）和狼牙山五壮士中的宋学义（右七）、葛振林（右三）。

狼牙山五壮士

　　宋学义隐功埋名十余年，直至1951年党组织在河北查找宋学义追查到沁阳县时，宋学义的英勇事迹才为人所知。当上级领导看到一贫如洗的他就是著名的抗日英雄时，都忍不住感慨万千。

　　1960年，宋学义担任村党支部书记，并出席了全国劳动模范大会、全国民兵英雄代表大会。作为村里的一把手，宋学义处处严格要求自己，他不顾自己身体的疾病，与群众一起抗洪排涝、修整田地、打机井……使全村近2 000亩耕地旱能浇、涝能排，旱涝保丰收。

　　他还积极带领群众奔致富路，植树造林，发展养猪事业。1971年6月26日，宋学义因肝病医治无效去世，享年53岁。遗体被安放在沁阳市烈士陵园墓区正中央。1979年被授予革命烈士光荣称号。

余药夫与狼牙山壮士

2005年4月15日的《中国民族报》第7版用大量篇幅刊载了贺文忠采写的《余药夫与狼牙山壮士》一文：

当年，他亲历了狼牙山上的战火，是他向狼牙山五壮士中的幸存者伸出了援助之手。半个世纪以来，他从不向别人提起这段历史，当幸存者宣布了这条迟到的新闻后，他说："我沾了五壮士的光，我不是英雄，我决不能贪天之功……"

当全国各大网站如八方风雨纷纷评述"狼牙山五壮士"一文该不该从小学课本里删除时，新华社刊发了一则题为《狼牙山五壮士幸存者之一葛振林老人辞世》的消息。一连串的新闻，不由得引发了人们对往事的追忆。

1.寻找英雄背后的英雄

"狼牙山五壮士"与千千万万个英雄一样已彪炳史

册，可是英雄跳崖后如何得以幸存？又为何人所救？这背后的故事一直鲜为人知。

1994年秋天，笔者专程去了一趟狼牙山，在当地只打听到一段最初修建狼牙山五勇士纪念塔的逸事：去狼牙山顶峰的路十分陡峭，人在负重时就更难前进，要在山顶上修纪念塔，把砖、水泥运上去太难了。于是有人建议：用山羊驮。山羊攀缘的能力是出乎人们意料的。于是每个山羊背上都被绑上一个褡裢，就这样由羊倌赶着将这些建筑材料送到了山上。

2002年，笔者了解到：援救过五壮士幸存者的人还健在，名叫余药夫，居住在河北师范大学。得知这一消息，笔者几经周折采访了他。余药夫说："你们要写就写

余药夫（左二）看望老英雄葛振林（左一）

那些英雄，我只不过是沾了五壮士的光。我不是英雄，而只是仅仅做了点微不足道的拥军行动，我决不能贪天之功。"

2. 难忘的历史背景

1941年秋天，日本华北地区司令官冈村宁次集中7万兵力，进行规模空前的大"扫荡"。1941年9月25日拂晓，3 500名日伪军在飞机大炮的配合下，兵分数路突然进犯狼牙山区。

我晋察冀军区一分区一团的主力，已奉命保卫边区党政军领导机关。一团团长邱蔚带病指挥二营七连掩护地方机关和群众转移，并留下六班牵制敌人。除去因病住院的同志，六班只剩下5个人。这5个人分别是班长马宝玉、副班长葛振林、战士宋学义、胡德林和胡福才（叔侄俩）。就是这5位勇士为牵制日伪军，掩护机关和群众转移，毅然把敌人引上狼牙山棋盘坨的悬崖绝壁。

经过一天激战，勇士们先后打退敌人多次冲锋，毙敌50多人。黄昏时，他们的子弹、手榴弹全打光了，于是全班砸坏枪支，高呼口号，纵身跳崖，以死报国。班长马宝玉、战士胡德林和胡福才壮烈牺牲。副班长葛振林和战士宋学义被半山腰的树杈挂住才幸免于难。

3. 余药夫话当年

葛振林从昏迷中醒来，又遇到了战士宋学义，于是两人爬到了一个叫"欢喜台"的地方。宋学义伤得很重，大口大口地吐血。葛振林和宋学义拄着棍子相互搀扶着朝棋盘坨方向缓缓移动。突然，不远处有个黑影闪动。通过仔细辨认像是当地老百姓。对方也看清了这两位伤者穿着八路军军装，就迎了上去。他就是狼牙山区青年抗日救国会主任余药夫。

余药夫先在前边探一会儿路，再返回来搀扶两位受伤战士向前走一段，3人缓慢地移动着，终于来到了一座道观。余药夫摸黑打了半桶水，将八路军撤退时没来得

2003年8月1日余药夫（左）与葛振林最后会面

及吃的两锅小米饭热了热。正准备吃饭时，七连的司号员李文奎进来了，他也是在战斗中被打散，掉队的。

第2天早晨，余药夫找到了一把新鲜的韭菜，继续为大家做饭，这一顿是韭菜炒饭。葛振林高兴地说："这一顿比上一顿更好吃。"

余药夫出门观察敌情时，发现一位道士，后来知道这位道士叫李元忠，是这个道观的住持——传说日本兵列队向跳崖的五壮士敬礼，就是他躲在崖缝中亲眼所见。

葛振林从道士那里得知，日本鬼子今天不会上山，就决定下山去找部队。葛振林他们拱手告别李元忠道士，余药夫也与3位八路军战士一一握手告别。没想到这一分别竟整整45年！并且这一次分别，就再也没能见到宋学义和李文奎。不知是命运的安排，还是历史的巧合，45年后，还是在狼牙山，余药夫同葛振林再次相见。

4. 迟到的新闻

1986年9月23日下午，余药夫的一位在狼牙山共同战斗过的同乡战友突然造访，给他带来一个振奋人心的消息：9月25日将在易县东西水村举行狼牙山五勇士纪念塔重建落成典礼，葛振林也来参加。

血，一下子涌到这位老人的脸上，余药夫显然很激动，往事在这位老人的脑海一一涌现：狼牙山上他和葛振林、宋学义在棋盘坨分手后，继续做地方工作。他从不提起援救过五壮士这件事。他从狼牙山脚下到了北京，再由北京转到南宁，又从南宁调回石家庄。直到1981年5月，余药夫才试着给葛振林写信，说明了当年救援的情况，很快他就收到了葛振林的回信并表达了想与恩人见面的愿望。

1986年9月24日下午，在河北易县一座竣工不久的宾馆，葛振林和余药夫的手紧紧握在一起，葛振林还不停地说："对！对！就是你啊！"

9月25日上午，重建狼牙山五勇士纪念塔落成典礼（1942年1月首次修建的纪念塔于1943年秋季大扫荡中毁于日军炮火）隆重举行。葛振林在发言中回顾了45年前血战狼牙山，舍身跳崖的经过后，郑重地宣布了一条45年前的战地新闻。他说："当时，全班5人跳崖后，我头部被摔成重伤，昏了过去。苏醒后，我和宋学义忍着伤

痛向上爬。我多次提到过一个地方干部，是他救了我们，过去记不清他叫什么名字，现在知道了，他叫余药夫，住在石家庄，是河北师大副校长，今天他也来了!"全场顿时轰动了。

听到葛振林的讲话，泪水模糊了余药夫的双眼。分手时，葛振林戴上老花镜，在余药夫的笔记本上，一笔一画地写下了："在1945年前9月25日，狼牙山的顶峰上，你救援我们，今日又见面。留念。1986年9月27日。"两位老人互道珍重，依依惜别。此后的时间里，余药夫又7次与葛振林相见。

5. 位卑未敢忘忧国

余药夫，1922年10月29日出生于河北易县安格庄乡田岗村一个农民家庭。中国人民大学马列主义夜大学肄业。1938年4月经八路军地方工作团辛庆元、赵晶溪（杨成武将军的妻弟）介绍加入中国共产党。余药夫把自己的那段革命经历曾概括成这样几句话：填表长工房，宣誓关帝庙，举旗永安寺，周旋狼牙山。

1941年9月24日，时任狼牙山区青年抗日救国会主任的余药夫到棋盘坨脚下的东西水村向区干部传达县委关于继续坚持反扫荡，搞好秋收秋种的指示。第2天，在棋盘坨顶峰只身援救了狼牙山五壮士的幸存者葛振林、宋学义。由于特殊历史原因，余药夫的这段经历始终未写入履历，以至余药夫去世后，他的悼词中都没有提到这段历史。

当笔者再次到石家庄采访余药夫的老伴邢云英时，与老人交流了许多思想。因为余药夫自从和葛振林见面后，余药夫曾拖着有病的身体，奔波于湖南、河南、河北、北京等地，先后走访了宋学义的夫人李桂荣，到马宝玉和葛振林的家乡采访，协助确认了胡德林、胡福才的祖籍，还拜会了杨成武将军。他寻觅着英雄足迹，采写了大量的回忆文章，还与人合作自费出版了《狼牙山五壮士赞歌》《狼牙山万世颂英雄》《壮士葛振林》等书。余药夫晚年主要致力于宣传狼牙山五壮士的英雄精神。

狼牙山背后的故事

2007年6月8日，中央电视台4频道播出了《走遍中国》保定摄制组采访的节目。

抗日战争时期，发生在河北保定易县狼牙山五壮士的英勇事迹，早已影响了一代又一代的中国人，在人们的心中，五壮士已成为一座丰碑。但却很少有人了解背后发生的故事。这是一个充满着传奇的故事，发生的时间是1997年的8月，虽然过去了整整十年，由于种种原因，至今仍很少有人知道。

1997年7月一个炎热的下午，时任河北省保定市易县县长的刘建军，接到了一个神秘的电话。

根据刘建军说，当时的电话是从北京打来的，对方说他是一个日本人，想到这儿来，希望刘建军去北京接他。接到电话的第二天上午九点左右，刘建军来到了易县和涞源县的交界处——门墩山。

不久，刘建军看到有一辆黑色的奔驰车向他驰来，停在了他的身边。

从车上下来一个老人，一米七多一点，个子不高，但是看上去很精神，一头白发，穿得也很整齐，下来以后就给刘建军鞠了一个很深的躬。

日本老人告诉刘建军，开车的是他的儿子，车是从北京租来的，寒暄之后，老人向刘建军提出了一个请求。他希望刘建军坐上他的车，让司机回去。

出于对客人的礼貌，和对一位年逾古稀老人的尊重，刘建军尽管心里很疑惑，但还是答应了老人的请求，上了他的车。

上车后老人告诉刘建军，他这次来是来谢罪的，他对这个地方有罪。

1958年"八一"电影制片厂拍摄了电影《狼牙山五

电影《狼牙山五壮士》

壮士》，狼牙山五壮士的故事在中国可以说是家喻户晓，而狼牙山就坐落在今天的保定市易县境内。由于易县在抗战时期是八路军的敌后根据地，在这里曾发生过许多惨烈的战斗。中国改革开放后，常常有当年在这里打过仗的日本军人，来这里忏悔谢罪。但当那位日本老人向刘建军表明自己的身份时，刘建军还是吃了一惊。

他说他就是追杀狼牙山五壮士的那个小头目。

回忆当年电影再现狼牙山五壮士跳崖的壮烈一幕，刘建军仍无法相信眼前这位慈祥的老人会是那场惨剧的直接制造者。按照日本老人的要求，车子直接向狼牙山的方向开去，当车子来到狼牙山脚下的一个拐弯处，老人突然要求停车。

下车后，他面对着狼牙山，笔直笔直地站着，然后用日语大喊了一声，随后笔直地跪下了，趴在地上号啕大哭。

狼牙山距离易县县城36公里，海拔1 105米，因山峰挺拔，形势险峻，状似狼牙，故而得名。八路军五壮士在这里跳崖之后，这里已成为后人瞻仰的一个圣地，每年都有众多敬仰英雄的人来到这里。半个多世纪风云变幻，狼牙山就像是一位老人，阅尽了人间沧桑。此刻，它静静地注视着这位前来谢罪的日本老人。

回忆起十年前那位日本老人在这里伏地谢罪、号啕

大哭的情景，刘建军感慨万千。

1941年9月25日清晨，狼牙山五壮士奉命掩护大部队转移，他们在棋盘陀上拖住日军之后，没有尾随大部队向东北方向撤退，而是故意把日军引向了相反的方向，在小莲花峰上与日军展开激战，最后弹尽粮绝，跳下悬崖。刘建军陪日本老人一起上了狼牙山，老人给刘建军讲述了当年他率领着日本兵，追杀狼牙山五壮士的经过。

李振玉是狼牙山景区的一名导游，他的父辈也和狼牙山五壮士一样，在狼牙山上跟日本人打过仗。所以他不仅熟悉狼牙山上的一草一木，对狼牙山五壮士的故事也知道得很详细。李振玉告诉摄制组，今天上山的路已经拓宽了，当年这里几乎没有路。

但五壮士跳崖之后的一幕，日本老人的讲述让刘建军又吃了一惊。

狼牙山五壮士跳崖的时候，有一个人在狼牙山的另一个山头目睹了他们慷慨赴死的壮举，他就是当年狼牙山脚下一个村子的游击队中队长冉元通。

冉元通不仅是壮士们跳崖的唯一目击者，当时牺牲的三位烈士的遗体，也是他带着另外两名游击队员一起埋葬的。今天老人已经去世，老人的女婿冯成泉带着我们，爬上了当年他岳父目睹五壮士跳崖的那个山头。

五壮士跳崖之后，马宝玉、胡福才、胡德林壮烈牺牲，生前连一张照片都没有留下。葛振林和宋学义被悬崖上的树枝挂住，幸免于难。

1941年10月18日，也就是在五壮士跳崖24天之后晋察冀军区颁发训令：对五壮士以身殉国的英勇精神致以崇高的敬意，为三位遇难的烈士建纪念碑，幸存下来的葛振林和宋学义则被送入"抗大"分校深造。现在这两位战斗英雄也都已因病去世。

狼牙山五壮士跳崖的地方叫小莲花峰，摄制组希望去那里进行拍摄。但当地村民告诉摄制组，由于这些年封山育林，树木把原来就窄小的山路都遮盖了，再加上山路陡峭，这些年已很少有人上去。后来在摄制组执意要求下，两名熟悉山路的村民，带着摄制组攀登小莲花峰。

经过一番艰难跋涉，摄制组终于到了半山腰，但一堵绝壁挡在了摄制组面前。

无奈之下，摄制组只好撤下山来。

日本老人在狼牙山上以自己的方式谢罪之后，心情

轻松了下来。时近中午，车子在路过一个名叫北淇村的村子的时候，老人突然提出要请这个村子的老人吃饭。

日本老人告诉刘建军，他们当年曾经在北淇村制造过"血井"惨案，刘建军当然知道这起惨案的经过。抗战时期，北淇村曾被八路军誉为"抗日模范村"，于是日本侵略军对该村的村民恨之入骨。1943年9月，日军在这里灭绝人性地制造了"血井"惨案。他们把无辜的村民一个个推到二三十米深的井里之后，又往井里抛石头，一层石头一层人，把村里这口唯一的水井变成了"血井"。

日本侵略军离开村子之后，幸存下来的村民们立刻从井里救人，但大多数人都已窒息而死，一个个惨不忍

睹。

让刘建军没想到的是，这位日本老人，还是当年这起"血井"惨案的凶手之一，摄制组来到北淇村拍摄的时候，当年日本老人请客吃饭的那个小饭馆已被拆除，在它的原址附近，刘建军带摄制组找到了一个跟它很相似的小饭馆。刘建军告诉摄制组，当时他压着怒火，还是从村里找来了五位老人跟日本老人见面。

日本老人狼牙山谢罪之行留下的唯一影像就是在这家小饭馆里拍摄的。

从照片中可以看到，这顿午餐，一桌子的人谁都没有动一下筷子。想起当年的"血井"惨案，小饭馆的空气仿佛凝固了。

在回程途中，当车子来到易水河畔的时候，老人又一次让车停了下来。

这把军刀一直被刘建军保存着，那位日本老人告诉刘建军，他当年就是带着这把军刀，追杀狼牙山五壮士，又在北淇村参与了"血井"惨案，这把日本军刀，沾满了中国人的鲜血，见证了日本老人当年所有的罪恶和暴行，但也是这把军刀，后来帮老人捡回了一条命。

原来，在狼牙山五壮士跳崖之后，老人命令他的士兵脱帽敬礼，朝天鸣枪向五壮士致敬的事情，被人告发，不久他被遣送回国，离开了狼牙山地区。

日本老人告诉刘建军，军事法庭的人，最后用一条小船，把他送到了一个荒无人烟的无名小岛之后，只留给他一袋粮食和在侵华战争他一直随身携带的那把军刀。

像鲁滨孙那样，日本老人开始了他的荒岛生活，在生与死面前，他选择了活下去。

在这一年多的时间里，老人在小岛上从来没有看到过一个人，也没有看到过船只从荒岛附近的海面上经过。

直到离别时，这位日本老人才向刘建军道出了自己的名字——茅田幸，他说这不是他本来的名字，是离开荒岛以后改的，意思是他在岛上住茅草房、种田，才侥幸活了下来的，所以从那以后，他就叫茅田幸。

茅田幸来谢罪的那天，是 1997 年 7 月 14 日，他跟刘

建军说这天是他八十岁生日，他特意挑选这个日子前来谢罪。

追杀狼牙山五壮士和参与北淇村"血井"惨案，是茅田幸在侵华战争中对中国人民犯下的罪行，也是他今生难以忘却的一场噩梦，他一生都受到自己良心的鞭笞，谢罪是他寻求解脱的唯一途径。

如果想要战争的悲剧不再重演，唯有所有的战争罪人，都能像茅田幸老人那样，真心悔悟，诚心谢罪，老人的举动，已经为他们做出了榜样。

狼牙山五勇士陈列馆

狼牙山陈列馆坐落在上山的必经之路上，犹如一座雄浑的山门，端坐山脚，平坦的公路直插陈列馆前的停车场，为游人上山提供了方便。750平方米的展览大厅内共陈列着六个方面的内容：狼牙山根据地创建篇；狼牙山根据地贡献篇；日寇扼杀狼牙山根据地罪行篇；狼牙山之战国威篇；狼牙山五勇士光辉篇和狼牙山五勇士英雄精神永存篇。

第一部分：狼牙山根据地创建篇

1937年8月中国共产党在陕北洛川，召开了中央政治局扩大会议，阐明了中国共产党与国民党进行合作，共同抗日的主张，并按合作协议，将陕甘宁边区的红军改编为国民革命第八路军，下辖一一五、一二○和一二九三个师。1937年9月初，一一五和一二○师先后从陕西芝川镇东渡黄河，挺进山西抗日前线。一一五师在平型关首战大捷，继而由师政治委员聂荣臻率一一五师一部共2 000多人的精锐部队东进察南和冀西，开辟晋察冀抗日根据地。同年10月，由团长杨成武，政委罗元发率一一五师独立团继续东进，攻克涞源，并开展抗日工作。此时易县的党组织在保西特委领导下，在易县西部山区组织了抗日游击队，并同一一五师独立团取得了联系。10月11日，独立团派黄寿发率独立团一部进驻易县紫荆关开辟抗日工作，组织建立了易县第一个抗日群众团体——紫荆关抗日救国会，经独立团广泛宣传抗日政策，群众性的抗日组织如雨后春笋般相继成立，抗日烽火越烧越旺。而后，一一五师独立团便沿西部山区由北向南延伸。1937年11月，八路军晋察冀军区第一军分区成立。1938年2月，一分区主力进驻易县，在易县党组织的配合下，一举消灭了易县境内的两股地主杂牌武装，并收编改造了三股游杂武装，壮大了抗日力量。此时，分区司令部已经在狼牙山脚下的管头一带牢牢地扎下根，其活动范围向南已达曲阳、唐县一带，向东到徐水，西至涞源，易县的西南部山区和大部分丘陵地区已在一分区的控制和掌握之中，狼牙山抗日根据地基本形成。由于占据着便于游击作战的地理优势，在整个晋察冀抗日根据地起着举足轻重的作用。

第二部分：狼牙山根据地贡献篇

狼牙山抗日根据地自建立之日起至抗日战争胜利结束，在晋察冀抗日根据地中一直发挥着极其重要的作用，它既是晋察冀根据地的东大门，又是八路军对日作战的基地和大后方，同时也是打击日寇的前哨阵地。由于抗日救国十大纲领的深入宣传，根据地的广大群众抗战热情十分高涨，建立了广泛的抗日统一战线，抗日军民同侵华日军进行了无数次的英勇战斗，不仅沉重打击了敌人的嚣张气焰，而且有力地遏制了侵华日军西进的势头，粉碎了侵华日军妄图摧毁晋察冀抗日根据地的美梦，保

狼牙山五勇士纪念馆

卫了根据地。据统计，抗日战争期间，全县有4 000多人光荣参军，1 500多名党员为保卫根据地壮烈牺牲。

经过战斗的洗礼，狼牙山抗日根据地迅速成长壮大起来。1939年1月，中共易县县委建立后，积极发展党员队伍，在农村普遍建立了党的基层组织，动员全民抗战，并领导农民开展以抗日为中心的减租减息和民主宪政运动，积极组织广大民众抗战支前，为建设和巩固根据地做贡献。在抗日战争最艰苦的防御阶段，为粉碎侵华日军推行的"治安强化""三光政策"等进行了艰苦卓绝的反"扫荡"斗争。为克服困难局面，县委领导广大民众开展了群众性的大生产运动，以丰富自己，支援部队，发展人民武装，配合八路军作战。各区、村的游击队、游击小组利用各种形式打击和骚扰敌人，搅扰得敌人惶惶不可终日。同时，根据地的人民在县委领导下，积极地筹粮筹款，保障部队的供给。在支前工作中，妇女做军鞋，男儿上战场，组织担架队、运输队和侦察小组协助八路军作战。在根据地兵即是民，民即是兵，军民团结奋战，粉碎了日寇一次次野蛮的"扫荡"。在对敌斗争中，涌现了大批的英雄模范人物，如子弟兵的老大哥崔洛唐，女爆破英雄隰志华，抗日英雄张文海，劳动模范葛存等。正是由于根据地军民的密切配合，英勇战斗，才取得了大龙华战斗和黄土岭战斗的一系列重大胜

利。

1939年春，侵华日军华北方面军，对晋察冀根据地开展第一期"肃正作战"，派一部占领了大龙华，企图打通涞易公路，进而西犯。为粉碎敌人西进的计划，我一分区主力部队，在杨成武司令员亲自指挥下，连夜从狼牙山地区出发，在大龙华村党员的配合下，一举歼灭了大龙华守敌400余人，并缴获了大批武器、弹药和50多册重要文件，杨成武司令员立即将这批重要文件上交晋

狼牙山五勇士纪念塔

察冀军区。聂荣臻司令员认为这些文件体现了侵华日军的作战策略，立即派专人送往党中央。

大龙华战斗是根据地建立以来，我军对日作战中的第一次极为漂亮的歼灭战，极大地鼓舞了我军士气。不久，一分区主力又在黄土岭地区取得了一次重大胜利。此役击毙了日军"名将之花"——阿部规秀中将。

1939年9月底，日军对我晋察冀根据地开始了冬季"大扫荡"。在我根据地军民的英勇抗击下，日军在南线遭到惨败，而后又将进攻的重点转移到北线，即一分区主力方面来。日军蒙疆驻屯军司令阿部规秀首先派迁村宪吉大佐率日伪军1 000多人进驻涞源县城，然后兵分三路向我一分区驻地进行"扫荡"。我八路军部队积极应敌，在杨成武司令员指挥下，于11月3日在白石口至雁宿崖一带，一举歼灭迁村宪吉率领的东路之敌600多人，其余两路仓皇逃回涞源县城。而后，阿部规秀亲自率领日伪军1 500多人，从张家口出发，实行报复性"扫荡"，并极力寻找八路军主力决战。得知敌情后，根据地的军民进行了周密的安排和准备，由群众组成的担架队、游击小组和侦察小组前来助战。在军事配备方面，我军组织了5个团的兵力于11月7日在黄土岭至尚庄一带约1千米的山沟里，将敌团团围住，一举歼灭日军900多人，日军主帅阿部规秀中将也被我炮兵击毙。这是在中国战

115

场上毙命的侵华日军的最高级将领。

　　狼牙山根据地从它建立的那一天起，始终坚持着毛泽东的人民战争思想，经过战争的考验，不断巩固、壮大，坚如磐石，成为日寇不可逾越的屏障，为晋察冀根据地的巩固和发展，为抗日战争的最后胜利，做出了不

可磨灭的贡献。

第三部分：日寇扼杀狼牙山根据地罪行篇

进入抗日战争中期，狼牙山根据地的重要作用日益明显，日本侵略者由于占据着平汉铁路沿线的广大平原地区，妄图进犯晋察冀根据地，狼牙山根据地就成了日寇西进的最大障碍。因此，从1939年开始，便对狼牙山周围的广大地区实施了野蛮的"三光政策"，连续制造了多起惨绝人寰的大惨案，犯下了难书难赦的滔天罪行。

田岗惨案

大龙华战斗的胜利，激怒了日本法西斯，纠集了神石庄、梁格庄等地的侵华日军，对设在大龙华战斗的指挥机关所在地的田岗村进行了野蛮的报复，制造了骇人听闻的"田岗惨案"。

1939年8月12日，日军600多人突然包围了田岗村，把田岗村的老百姓赶到戏楼前，全部倒捆上胳膊，把男人和妇女分开关押起来，晚上挨个拉出去审问："谁是八路军，谁是干部，八路军到哪儿去了？"但是没有一个人开口。第二天上午，日军把一部分男人驱赶到田岗村西大沟旁，继续逼问，群众只是怒目相视，敌人气急败坏地用机枪向手无寸铁的人群疯狂扫射，37名无辜群众倒在了血泊之中。村里的妇女们被反锁在一间房子里，敌

人在房子四周堆满了干柴，浇上汽油，企图全部烧死，人们撞开后窗，逃出火海，幸得生存，但全村600多间房屋及财产全被烧毁，这就是田岗惨案。

东娄山"五四"惨案

东娄山村地处定兴、徐水、易县的三县交界地带，是分区通向平原地区的咽喉，抗日活动十分活跃，也是定兴、易县、徐水三个县的党、政、群、军机关所在地。1941年5月3日晚，该村的青年团员们连夜排练庆"五四"的文艺节目。5月4日拂晓，东罗村等7个据点的敌人1000多人突然包围了东娄山，敌人像疯狗一样扑进村子，我军民同敌人展开了殊死搏斗，但终因敌众我寡，除分区三团侦察连和县基干队突围成功外，其余全被围在村内，敌人见人就打，使我方干部和群众遭到重大伤

亡，科长以下干部共牺牲40余人，10多人被俘，东娄山有24名群众牺牲，定兴县委书记于江同志在此次惨案中壮烈牺牲。

菜园惨案

1942年5月2日，侵华日军对狼牙山一带大规模进行"扫荡"。上午9时许，日军将山北、娄山、于家庄等村的男女老幼1 000多人围堵到棋盘坨下的花草峪，被围的人群中，有菜园村党支部书记、区民兵大队长许连生的妻子魏彩珍和徐水县县长的儿子唐小树。日军开始从人群中拉人，逼问："八路军的伤员在哪儿？""军粮藏在哪里？"人们将魏彩珍和小树围在中间，没有一个人吭声。敌人达不到目的，就用刺刀挨个挑，连吃奶的孩子也不放过。魏彩珍被拉出来，宁死不屈，被敌人连刺7刀，壮烈牺牲。小树也被刺成重伤。这次惨案，仅菜园一个村在花草峪一地就有30多人惨死在日寇的屠刀之下，100多人被刺成重伤，村子被烧成一片焦土。这就是菜园惨案。

淇村血井

1943年春，侵华日军开始了对狼牙山地区近100天的"大扫荡"，为狼牙山之战的惨败伺机进行报复。

农历四月廿，塘湖、界安、独乐等据点的200多名日军，裹挟着近1 000群众到西步乐村集合，然后进一步向北淇村一带"扫荡"。放哨的除奸队长郭凤仙由于来不及躲避首先被敌人抓住，进行严刑拷打，逼问八路军和军粮的去向，但郭凤仙什么都没说。隐藏在村西山沟里的200多名群众被敌人包围了。"一团哪里去了？粮食藏在什么地方？"郭凤仙被打得晕了过去，但他始终咬紧牙关，敌人没了办法。中午，日军经过一番策划，号叫着要北淇村的人统统站到井台这边来，接着两个日军把刘恒利拽了出来，推到三丈多深的井里，紧跟着就是一块大石头砸了下去，然后是第二个，第三个……一层人，一层石头，整整推下去八层人，砸了八层石头。扔到井里的群众共33人，连老人、孩子甚至哑巴都不放过，水井变成了血井。日寇还烧毁房屋140多间。在这次惨案中，北淇村人民遭受了巨大的损失。

新中国成立后，当地群众和青少年自动捐款，在血

井上盖起了纪念亭，并刻石碑，以缅怀在抗日战争中死难的人们。

寨头惨案

1943年，侵华日军华北派遣军第26师团第11联队，由涞源进犯易县，在寨头村设立据点，来回"扫荡"易县的桥家河、坡仓、良岗一带。

11月3日，寨头村农会主任崔洛阳等人俘虏了一名日军，当时杏树台村驻有我八路军的一个后勤机关，而这天正好杏树台村的游击组长赵保勋也在寨头村，崔洛阳等人便把这名日军交由赵保勋押送去杏树台村，在赵保勋返回寨头村的半路上被日军抓住。

11月5日至8日，日军先后在寨头、杏树台、桥家河等村搜捕到我游击组员和群众111人，其中有7名是八路军伤员。日军将搜捕到的人员全部关押在寨头村，进行残酷折磨，严刑拷打，逼问八路军的去向，粮食藏在哪里和那名被俘日军的下落，没有一人回答，只是怒目相视。日军气急败坏，便下了毒手。游击组长赵元登的妻子被野兽般的日军割去鼻子和一个乳房，村主任赵协兴的妻子被日军百般侮辱，然后用烧红的铁丝穿透胳膊绑在大树上，一名八路军伤员被日军用指挥刀劈成两半。

经过两天的折磨，几十人致伤致残。11月9日，日军在寨头村外挖了8个埋人坑。下午，日军把人们捆押

到埋人坑前，再次进行审讯，所有人员宁死不屈，最后凶残的日军挨个挑死后推入坑中，其中有一名不足两岁的婴儿也未逃过法西斯的屠刀。被搜捕去的111人中，后经群众抢救，只有3人脱险，其余108人全部被惨杀坑埋，其中7名是我八路军伤员，这就是著名的寨头惨案。

抗日战争胜利结束后，易县人民政府为被日寇残害的群众和八路军伤员，在寨头村东修建了纪念亭，1993年又由省政府拨专款在寨头村修建"黄土岭战斗纪念馆"一座。

第四部分：狼牙山之战国威篇

1941年，抗日战争进入了极端困难的相持阶段。9月23日至25日，侵华日军2 500多人，在飞机大炮的掩护

中国人民抗日战争纪念馆

下，分兵多路对狼牙山合围，准备与我一分区主力决战。为保存我军实力，保护易县、定兴、徐水、满城四个县党政机关及周围村庄群众共两万多人的生命安全，杨成武司令员毅然采取了"围魏救赵"和"金蝉脱壳"的战略战术。一团七连顺利地完成了掩护转移的任务，但是为了大部队和党政机关及群众更加安全，拖住拖死敌人的艰巨任务，便落在了七连六班5名战士的肩上。班长马宝玉和其他4名战友，在强大的敌人面前，临危不惧，以一敌百，据险抗敌，灵活机动地与敌人周旋一天，终于把敌人死死钉在狼牙山上。最后，弹药尽绝，纵身跳下万丈悬崖，葛振林、宋学义被树枝挂住，身负重伤；马宝玉、胡德林、胡福才三人以身殉国。这就是抗日战争中著名的狼牙山战斗。这一仗，打出了军威，打出了国威。

狼牙山之战至少给我们两方面启示：其一，中国人民要想战胜比自己强大得多的敌人，必须有一支训练有素，且懂得正义战争的战略战术，具有高度的组织纪律性和一不怕苦、二不怕死的革命精神的军队，才能有如此壮举。其二，革命军队中的每个成员，都要有识大体、顾大局，宁肯牺牲自己，也要保存有生力量的革命英雄主义精神。有了这种精神，就能够战胜一切困难，保证整个战斗的胜利。五勇士就是依靠这种精神，拖住了百倍于我的敌人，最后500多名日本兵面对五勇士的壮举，

整齐列队，向英雄跳崖的方向三鞠躬，以示折服。

第五部分：狼牙山五勇士光辉篇

狼牙山五勇士的英雄事迹很快传遍了一分区，传遍了晋察冀和全国各抗日根据地，极大地鼓舞了全国人民的抗战热情。聂荣臻司令员高度评价了五勇士的英勇行为，他说："在他们身上，体现了中国共产党领导人民军队的优秀品质，体现了中华民族的英雄气概，我们要继承下去，发挥光大。"

为了悼念为国捐躯的马宝玉、胡德林、胡福才三烈士，一分区召开了隆重的追悼大会，杨成武司令员宣读

了军区司令部和政治部的训令，要求各部队学习狼牙山五勇士坚决斗争的革命精神，并规定了四项纪念办法：

一、在每次战斗中，高度发扬英勇顽强的战斗精神，以战斗的胜利纪念他们。

二、在烈士牺牲的地方建纪念碑。

三、授予马宝玉、胡德林、胡福才三烈士为一团模范连的荣誉战士，每逢纪念日点名，首先从荣誉战士点起。

四、对光荣负伤的葛振林、宋学义除通令嘉奖外，各赠"模范青年"奖章一枚。

追悼大会以后，葛振林、宋学义伤愈出院，一分区又在驻地北娄山村召开了隆重的颁奖大会，并赠七连"学习五勇士顽强的革命精神，发扬英勇果断的战斗作风"的锦旗一面，司令员杨成武亲自将"模范青年"奖章佩戴在英雄胸前，政治委员罗元发为二位英雄佩戴了英雄花，会后送葛振林、宋学义进抗大二分校学习。

新中国成立以后，易县人民政府在狼牙山脚下的北娄山村建烈士陵园一座，马宝玉、胡德林、胡福才及1156名抗日战争中牺牲的烈士长眠于此。

第六部分：狼牙山五勇士精神永存

狼牙山五勇士以他们年轻的生命和满腔热血谱写了一曲中华民族英勇战斗的慷慨悲壮的战歌。为了纪念五勇士的英雄事迹，弘扬五勇士的革命精神，彭真、聂荣臻、杨成武、刘澜涛等14位领导人为五勇士题词，以激励后人。

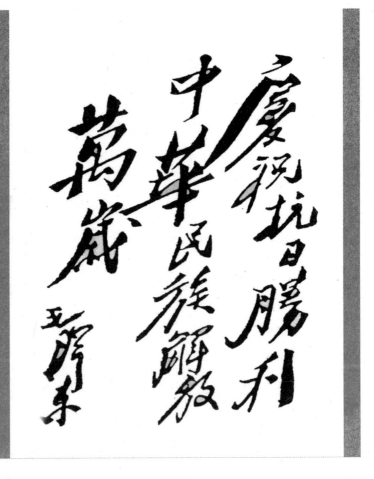